A gente merece ser feliz agora

Lili Almeida
A gente merece ser feliz agora

Você é a semente de toda a sua vida,
então abrace o processo e acenda a sua luz

Copyright © Lili Almeida, 2024
Copyright © Editora Planeta do Brasil, 2024
Todos os direitos reservados.

Preparação: Fernanda Simões Lopes
Revisão: Renata Lopes Del Nero e Gleice Couto
Projeto gráfico e diagramação: Gisele Baptista de Oliveira
Ilustração de capa: Fer Rodrigues
Capa: Fabio Oliveira
Ilustrações de miolo: pikisuperstar / Freepik, gstudioimagen / Freepik, macrovector / Freepik, pch.vector / Freepik, brgfx / Freepik e jcomp / Freepik

DADOS INTERNACIONAIS DE CATALOGAÇÃO NA PUBLICAÇÃO (CIP)
ANGÉLICA ILACQUA CRB-8/7057

Almeida, Lili
 A gente merece ser feliz agora / Lili Almeida. – São Paulo : Planeta do Brasil, 2024.
 208 p. : il.

 ISBN: 978-85-422-2741-3

 1. Desenvolvimento pessoal I. Título

24-2220
CDD 158.1

Índice para catálogo sistemático:
1. Desenvolvimento pessoal

MISTO
Papel | Apoiando o manejo florestal responsável
FSC® C005648

Ao escolher este livro, você está apoiando o manejo responsável das florestas do mundo

2024
Todos os direitos desta edição reservados à
EDITORA PLANETA DO BRASIL LTDA.
Rua Bela Cintra, 986, 4º andar – Consolação
São Paulo – SP – 01415-002
www.planetadelivros.com.br
faleconosco@editoraplaneta.com.br

Apresentação: Palavra é alimento **11**

1. Seja gentil **15**
2. Caminhe ao lado de quem acredita em você **17**
3. A felicidade começa em você **19**
4. Use sua luz **22**
5. Não bloqueie suas bênçãos **24**
6. Abrace quem te marca sem te ferir **26**
7. Valorize quem corre com você **28**
8. Adoce seu coração **30**
9. Pise firme no seu caminho **32**

10. Seja carinhoso com você mesmo **34**
11. Dê atenção à sua intuição **36**
12. Aponte sua mira pra você mesmo **39**
13. Deixe o falador falando sozinho **41**
14. Seja o presente **44**
15. Vá cuidar de você **46**
16. Seu foco deve ser sempre você **48**
17. Bote fé na sua caminhada **50**
18. Viva a sua verdade **52**
19. A gente merece ser feliz agora **53**
20. Concentre-se no seu caminho **55**
21. Siga na sua missão **56**
22. Seja sua melhor companhia **58**
23. Cuide da sua energia **60**
24. Abra o olho pra dentro **62**
25. Acredite no seu axé **63**
26. Escute sua intuição **65**
27. Alimente as raízes do seu sonho **66**
28. Sua energia é sagrada **68**
29. A gente não está aqui pra agradar ninguém **69**
30. A energia flui para onde vai sua atenção **71**

31. Você é a sua casa **73**

32. Abrace sua luz **75**

33. Não insista em permanecer naquilo que já acabou **77**

34. Seja sempre a pessoa que oferece algo bom **79**

35. Tome posse da sua luz **81**

36. Esteja presente **83**

37. Acredite em você **85**

38. Preste atenção na sua caminhada **87**

39. Você é a sua casa **89**

40. Faça o seu e deseje o melhor a todos **90**

41. Nem toda ventania vem pra derrubar você **92**

42. Sua energia é sagrada **94**

43. Adiante o seu lado **96**

44. Não normalize o que não é bom **98**

45. Solte a corda **100**

46. Valorize o seu processo **102**

47. Coloque sua atenção em você **103**

48. Não tente fugir de você mesmo **105**

49. Mude o foco e mudará a direção **107**

50. A essência da vida é ser **109**

51. Não tente ser como outra pessoa **111**

52. Cuide do seu caminho **113**

53. Continue a sua caminhada **115**

54. Se sinta bem por estar na contramão **116**

55. Não existe uma forma
única que sirva pra todos **118**

56. A gente precisa fazer
o que precisa ser feito **120**

57. Proteja seu espaço e sua energia **121**

58. Continue cuidando da sua vida **123**

59. Podemos crescer com
toques suaves na alma **124**

60. Não acredite em tudo que você vê **125**

61. Se afaste de quem não consegue
dividir o brilho da vida com você **126**

62. Escolha ser gentil **128**

63. Vá cuidar de você **130**

64. Ninguém é melhor que ninguém **132**

65. O que passou não define você **134**

66. Deixe o ressentimento para trás **136**

67. Não permita que o barulho de
ninguém tire você do seu centro **138**

68. Mude seus pensamentos
e você mudará seu mundo **139**

69. Ocupe seu lugar **140**

70. A gente não é a semente da expectativa alheia **142**

71. Tenha fé em você **143**

72. Você não é o erro que você cometeu **145**

73. Sonhe imenso, mas se preparando **147**

74. O que faz dar certo é não parar de tentar **148**

75. Seja paciente **151**

76. Seja o seu próprio milagre **153**

77. Ofereça o seu melhor ao mundo **155**

78. Se ouça e receba suas respostas **157**

79. Acredite em você **159**

80. Se mova **160**

81. Bote fé **161**

82. Torcer pelo outro não tira sua oportunidade **162**

83. Sejamos o próprio bem que queremos receber **164**

84. Fique sempre mais perto de você mesmo **166**

85. O importante é o que você acha de si **168**

86. Nunca negocie sua paz de espírito com ninguém **169**

87. Realize tudo de bom que você deseja **171**

88. Nossa mente é o nosso bem mais precioso **172**

89. Levanta e anda **174**

90. Pega essa visão **175**

91. Apontar os erros dos outros é fácil **176**

92. Pare de perder tempo tentando agradar a todo mundo **178**

93. Tudo que você oferece retorna para você **180**

94. A gente precisa aprender a encerrar ciclos **182**

95. Continue buscando sempre a melhor parte de você **184**

96. Dê atenção ao que você tem a se dizer **185**

97. Se permita renascer **187**

98. Pare de dar poder demais a algumas pessoas **189**

99. Dê as mãos pra você mesmo **191**

100. Tudo pode ser dito com uma colher de mel na boca **193**

101. Reaja, viu! **194**

Notas de fim **197**

APRESENTAÇÃO
PALAVRA É ALIMENTO

Os ditos populares são, de longe, a herança mais carinhosa de Lili Almeida. Chef de cozinha, palestrante e comunicadora, durante a pandemia de COVID-19, Lili passou a compartilhar, por meio de vídeos curtos, provérbios que aprendeu com a avó, ganhando muita visibilidade com isso – hoje, ela soma mais de 1 milhão de seguidores em apenas uma das redes sociais de que faz parte.

Ela acredita que "cultura é alimento que, bem servido, liberta"; por isso, atribui grande poder às palavras, que, se bem ditas e divididas com outras pessoas, são capazes de acalmar corações, oferecer um abraço carinhoso e transformar vidas.

Em seu cotidiano, é muito comum vê-la usar essa sabedoria ancestral popular em variados contextos de comunicação, como em meio a uma conversa simples ou ao proferir uma fala pública. É o que fez desabrochar sua sensibilidade para compreender que a gente sempre pode colocar uma colher de mel na boca para dizer algo de maneira amorosa e acolhedora.

Nascida na beira do mar, em Salvador, Lili reconhece que sua maior qualidade vem dessa origem, por isso carrega com orgulho seu sotaque para representar sua terra em todos os lugares por onde passa. Em 2019, representou a Bahia no programa *Mestre do Sabor*, da rede Globo. No ano seguinte, foi convidada a escrever e apresentar um quadro no programa *Saia Justa*, do GNT, e ganhou também o seu primeiro programa no Tastemade Brasil, o *Cozinha de Lili*, no qual, através do seu olhar, mostrou ao país todo o tempero e amor pela capital baiana.

Nas próximas páginas, você encontrará 101 mensagens de bom-dia da autora, propagadas para alimentar nossa vida com fé e gentileza. São textos que mesclam a sabedoria de Lili, uma exímia observadora da vida, com ditados, letras de músicas, excertos de obras famosas e máximas ditas por grandes personagens da história. Fazendo uma espécie de chamamento, esses textos convocam os leitores a usar sua luz própria para iluminar a si e a todos aqueles que atravessarem o seu caminho.

Para serem lidas integralmente ou pela manhã, à procura de um direcionamento para o dia que se inicia, as mensagens da filha de dona Arlinda são um bálsamo em um mundo tão caótico, onde a grosseria, a falta de empatia e a delicadeza parecem ser a norma, e não a exceção. "Caminhe ao lado de quem acredita em você", "Abrace quem te marca sem te ferir", "Viva a sua verdade", "Cuide da sua energia" e "Escute sua intuição" são algumas delas, sempre guiadas pelo tom afetivo e sereno de Lili Almeida. *Porque a gente merece ser feliz agora.*

SEJA GENTIL

Nunca ache que é defeito ter um coração bom, ser sensível, ser gentil.

Doçura não é fraqueza, pelo contrário: é preciso muita coragem para ser doce num mundo onde a grosseria virou rotina. Delicadeza é sinal de força. Não deixe de demonstrar por medo de parecer emocionado, seja emocionado mesmo, já tem muita gente negativa por aí, e sentimento é pra sentir.

Elogie, incentive, parabenize quem realizou um sonho. É arrebatador o poder do afeto e tudo o que fazemos com amor se expande por lugares que vão além da nossa compreensão, foque no bem. A gente não pode fugir da realidade, mas pode dar nosso melhor ao mundo, pois o bem que a gente faz é a nossa maior proteção, então direcione sua energia para o positivo.

Gentileza é feitiço que expande a nossa luz de dentro e faz brilhar o mundo fora, ser gentil é um privilégio. Não evite a doçura, crie ondas de afeto na sua vida, ondas vão e voltam. E da mesma maneira que existem pessoas tóxicas, há pessoas medicinais que, quando chegam perto, curam nossa alma. Sejamos esse tipo de pessoa, que tem o coração aceso e usa sua Luz Divina pra clarear também quem está sem força pra brilhar. A gente sempre pode deixar um pouco de gentileza por onde a gente passar.

Bom dia!

2

CAMINHE AO LADO DE QUEM ACREDITA EM VOCÊ

Quando a lagarta disse que voaria, todos riram dela, menos a borboleta. Abra o olho, caminhe ao lado de quem acredita em você e eleva a sua vibração.

Palavras e pensamentos são energia pra nossa caminhada; então, criemos o hábito de falar e mentalizar coisas boas. Criemos o hábito de escolher pessoas que fazem bem pra nossa saúde mental. Nós somos extraordinários, e qualquer pessoa que não enxergue o quão incrível você é não merece estar ao seu lado. Preste atenção em como seu corpo fica antes e depois de interagir com alguém; energia não mente, a nossa intuição nunca falha, quem falha é a gente.

Você é muito maior do que qualquer coisa que já o fez se sentir pequeno, e não cabe a ninguém dizer o que você merece porque a gente não está aqui pra ser perfeito pra ninguém, mas sim para ser o piloto da nossa própria história e voar o mais alto que puder. Estar no mesmo barco não significa remar na mesma direção. Mantenha-se perto de quem o impulsiona e amplia a sua visão: dentro de você existe um jardim com todo tipo de semente de poder. Faça a sua parte, se adube e bote seu jardim para crescer.

Você não pode obrigar ninguém a valorizá-lo, mas pode e deve se recusar a ser desvalorizado, se ligou?

É você a única pessoa que conhece seu real valor.

Bom dia!

3
A FELICIDADE COMEÇA EM VOCÊ

Você pode ir pra academia, beber água ou tomar vitaminas. Mas, se não cuidar do que se passa em seu coração, você nunca será saudável.

Isso porque beleza real é estar com a luz de dentro acesa. Você não é o dinheiro que tem nem a roupa que veste ou as viagens que faz, mas o sorriso que você entrega ao outro, aquele seu abraço gostoso que deixa saudade, o amor que você espalha, e esse é o melhor amuleto da sorte que existe: a boa energia que fazemos o outro sentir, as boas intenções que espalhamos por aí.

Tudo o que a gente pensa, sente e faz emite uma energia que atrai situações e pessoas com a mesma vibração, ou seja, o que você pensa constantemente acabará entrando em sua vida; então, não tem pra onde correr. É muito óbvio que aquilo que a gente dá pro mundo é exatamente o que a gente vai receber. Então nunca escolha algo por conveniência ou por ser socialmente aceitável, e, sim, algo que o desperte, que acorde seu coração. É o que toca nossa alma que precisa guiar nosso caminho, não se perca de você.

Lembre-se de que a felicidade começa em você – não nos seus relacionamentos ou no dinheiro. Se você não encontrar um lugar positivo dentro de você, pode ter certeza que do lado de fora também não vai encontrar. "Ter bens materiais sem paz interior é como morrer de sede dentro de um lago."[1] Preste atenção: "A felicidade depende do que você pode dar, não do que você pode receber".[2]

A gente já tá mais do que na idade de compreender que nada que vem do lado de fora pode nos preencher. E, mesmo sabendo que o caos também mora aqui, é importante não esquecer que toda fonte da vida e toda cura para a ferida também moram dentro de você.

Tome posse de você.

Bom dia!

4
USE SUA LUZ

"Quando eu disse ao caroço de laranja que dentro dele dormia um laranjal inteirinho, ele me olhou estupidamente incrédulo."[1]

Toda vez que você tiver a oportunidade de fazer alguém se sentir especial, faça! Quando a gente acende a lâmpada para outra pessoa, nossa chama fica imensa, já que quem acende a luz é o primeiro a se beneficiar da claridade. Ser gentil com o outro é coisa de gente grande.

Mostre mesmo, empolgue-se, ame intensamente. Seja você a prova de que nesse mundo ainda existem pessoas de bom coração. Quando a gente divide com alguém o que brilha em nós, o brilho se multiplica em tudo que ele toca.

Nós somos o que deixamos no coração do outro. Quando você enxergar o brilho de uma pessoa, use sua luz e fale isso pra ela. Use sua luz. Acenda!

Bom dia!

5
NÃO BLOQUEIE SUAS BÊNÇÃOS

Você reclama que o amor não vem, mas, toda vez que chove amor, você abre o guarda-chuva. Minha gente, se molhe!

O amor é um presente divino, não bloqueie suas bênçãos. O preço da nossa felicidade é a nossa coragem. A gente precisa parar de apenas pensar e começar a agir, porque quem vive só pensando não vive. A gente nunca perde por dar amor, perde é quem não sabe receber. Então, quando o universo te der um novo começo, deixe o que passou pra trás e abrace a oportunidade com o coração. A vida tá passando e tempo é ouro; tempo ao lado de quem amamos é tesouro. A gente precisa ficar ligado porque é na dúvida e no talvez que a gente perde a nossa vez. Não vacile, não. O amor é uma coisa rara, então, se ele aparecer na sua vida, AME. As flores dos flamboyants,

dentro de poucos dias, terão caído.
Assim é a vida. É preciso viver enquanto
a chama do amor está queimando.
Se permita, você também merece viver
um bom amor. Pega essa visão: use
sua cabeça, mas também dê chance ao
coração. Se molha, meu bem, onda
grande se atravessa mergulhando.

Bora dar o primeiro passo? Compartilhe a
mensagem deste texto com alguém que
você ama muito. Um beijo cheio de amor
pra você.

Bom dia!

ABRACE QUEM TE MARCA SEM TE FERIR

Amizades erradas são como carvão – apagado ele te suja, aceso ele te queima.

A gente precisa aceitar que relações acabam e que algumas pessoas podem até continuar existindo no nosso coração, mas não em nossa vida. Papo de futuro só funciona com quem está na mesma vibe que a gente e, se a gente não consegue se afastar de quem vive cortando nossas asas, a gente nunca vai voar.

Se o brilho da pessoa desaparece quando você conta uma conquista sua, não a queira por perto. Acredite: existem afastamentos que são bênçãos! E as pessoas que estão destinadas a estar em nossa vida sempre aparecerão à nossa volta independentemente de quão longe elas pareçam estar.

Abrace quem te marca sem te ferir, pois nada é tão belo quanto cultivar relações saudáveis; se saia de perto de quem não comemora ao te ver sorrir porque nada é mais deprimente do que construir relações doentes.

Fale menos, proteja-se, quem não pode resolver seu problema também não precisa saber dele. E, pra quem não gosta de você, o seu problema é a alegria dele. Se benza, vá pra longe, vá brilhar! Acenda sua vida. "Procure por aqueles que acendem suas chamas."[1]

A gente tem que abrir espaço pra quem cola junto com a gente e quer nos ver bem. Pega essa visão: quem não vai ajudar você a descascar o alho não precisa saber quantos dentes ele tem. Se ligou?

Bom dia!

7

VALORIZE QUEM CORRE COM VOCÊ

Vai beber da minha água quem passou sede comigo.

Valorize quem corre com você. Não espere perder pra dar valor; é o contrário, dê valor pra não perder. Apoie seu amigo. Incentive a caminhada de quem te dá combustível, seja gás pra essa pessoa também. Em alguns momentos nosso incentivo é a faísca de luz de que o outro está precisando para sair da escuridão e seguir em frente.

Incentive quem corre junto. Nas nossas relações a coisa mais importante é a qualidade do vínculo, nossa capacidade de troca, de dar e receber.

Alimente a amizade com amor, lembre-se que não é a cerca que segura o boi no pasto, e sim o capim que ele come.

Pega a visão: não adianta nada esperar a manga nascer pra começar a regar a mangueira. Apoie a luta de seu amigo, é ao seu lado que ele vai comemorar quando a vitória chegar. Se você é amigo de verdade, valorize seu amigo.

Bom dia!

8
ADOCE SEU CORAÇÃO

Não se arrependa de amar muito, você dá muito porque você é muito, tenha orgulho disso.

O mundo está tão tenso que um simples gesto de carinho parece coisa de gente emocionada, mas quer saber? Se houver reciprocidade, seja emocionado mesmo. A gente nunca perde o amor que a gente dá; na verdade, quem planta flores está sempre com as mãos perfumadas, continue sendo gentil.

Porque não vai adiantar nada usar roupas caras ou ser o melhor profissional do mercado – se você não tiver doçura no seu coração, suas roupas serão apenas uma fantasia. Elegância de verdade é ser grato, é pedir licença e desculpas, é, antes de apontar os defeitos, perceber também as qualidades do outro. Não tenha vergonha de expor sua delicadeza, a sensibilidade é um grande feitiço, e pessoas gentis são fascinantes.

Adoce seu coração, seja conhecido por sua gentileza, seja uma parte boa da vida das pessoas. E, quando alguém for grosso com você, lembre-se de que isso é problema dele. Mas, quando alguém for gentil com você, não perca tempo, não, revide na mesma hora.

Bom dia!

9
PISE FIRME NO SEU CAMINHO

Quer um conselho? Como vão julgar você de qualquer jeito, siga seu coração e faça o que o faz feliz.

Se fosse perfeito, ainda sim iriam falar mal de você, então use a sua inteligência e deixe quem quiser achar o que quiser. Não é o achismo de ninguém que vai determinar sua realidade, foque em você e cresça. Sempre vai ter alguém duvidando da gente; o importante de verdade é que essa pessoa não seja a gente mesmo.

É surpreendente a imensidão de coisas boas que acontecem quando acreditamos mais em nós mesmos. Pise firme no seu caminho. "Sua estrada é somente sua; outros podem até te acompanhar, mas ninguém pode andar por você."[1]

A vida é uma via só de ida e, nessa passagem, nosso trabalho é nos

transformar em algo que faça sentido
para nós mesmos, e não para os outros.
Não precisa explicar nada pra ninguém,
você pode simplesmente se comprometer
consigo mesmo e abraçar a nobre missão
de fazer a sua vida prosperar. Bote fé
em você.

Bom dia!

10
SEJA CARINHOSO COM VOCÊ MESMO

Deixe-me dizer uma coisa pra você:
Quando uma pessoa quer a gente
na vida dela, ela mesma abre a porta;
a gente não precisa ficar forçando
pra entrar.[1]

Nada que você precise mendigar é digno
de estar na sua vida. Não insista, siga o
fluxo. Tudo é temporário e ciclos terminam
para dar espaço para que ciclos ainda
melhores venham para nossa vida. O que
chegar deixe que fique, e, se partir, deixe
que vá. O importante é você se cuidar,
pois quem não pode se ausentar da sua
vida é você.

Onde falta cuidado, você já não cabe.
Não coloque seus pés em lugares nos
quais sua alma não é bem recebida.
Se precisar escolher, escolha sempre
estar bem com você.

Nós já somos muito pequenos, não precisamos ficar perto de pessoas ou situações que nos façam nos sentir ainda menores. Seja carinhoso com você mesmo. Fique perto de quem quer estar perto de você, de quem o fortalece, "fique perto de quem te deixa grandão".

Bom dia!

11
DÊ ATENÇÃO À SUA INTUIÇÃO

Fique esperto. De algumas pessoas, cuide; com outras, tome cuidado.

Ser cuidadoso ao escolher as pessoas que nos cercam evita um monte de problemas e nos protege de muita coisa. Seja sim exigente sobre quem tem acesso a você. Só você sabe o quanto teve que trabalhar duro pra ficar bem, então se ligue e priorize sua saúde mental.

Nem todo mundo merece sua nova versão, só deixe permanecer quem faz bem pra você e saia de perto de quem não se importa com seus sentimentos. Valorize quem cola junto e faz tudo por você; pessoas assim são oportunidades pra gente se desenvolver, amadurecer e praticar.

Preste atenção na sua intuição: intuição não mente, a gente é que é insistente e precisa aprender a lidar com o que vem de fora, a gente precisa aprender a filtrar o que é nosso e o que é do outro. Sempre vai ter alguém querendo diminuir a gente, então ame seu vizinho, sim, mas construa sua cerca de proteção.

Se cuide, você não é uma opção, e sim um privilégio. Busque se conhecer, porque, conhecendo nossa grandeza, nada nem ninguém vai conseguir nos diminuir.

A gente fica tão preocupado com o que os outros acham que acaba esquecendo a opinião que mais importa: A NOSSA. Porque, por mais que outros falem muito, no fim das contas tudo que nos resta é a gente mesmo. Dê ouvidos a quem mora aí dentro, porque até o último passo é com essa pessoa que você vai viver. E é assim que é.

Sempre é bom lembrar que importante
é quem vem para somar. No mais,
deixe passar...

Bom dia!

12

APONTE SUA MIRA
PRA VOCÊ MESMO

Pega essa visão: adiante seu lado, pare de olhar pros lados e aponte sua mira pra você mesmo.

O nosso verdadeiro trabalho aqui é cair pra dentro da gente mesmo e assumir o compromisso de fazer a nossa vida se transformar. Caminhando juntos, mas entendendo que somos indivíduos, por isso é sozinho que a gente se descobre também. Essa é a nossa sina: passar a vida toda convivendo com a gente mesmo, e é essa também a nossa magia. Somente a gente tem acesso à nossa mente. Ninguém mais além de você pode trabalhar na sua vida, só você vai escrever a sua história, inclusive todo o nosso tempo aqui neste mundo é pra isso, entrar em contato com a gente mesmo e descobrir cada vez mais a gente mesmo.

E, assim como somos supercriativos para criar situações negativas e de autossabotagem, somos ainda mais criativos para criar situações positivas e que ativam a nossa coisa, potencializam o nosso autovalor. Então, em vez de usar a opinião dos outros, mova-se a seu favor, use a sua inteligência.

Como canta meu querido Bob Marley, "Abra espaço para um dia positivo".[1] Permita-se hoje fazer uma ação positiva por você, apenas você pode fazer isso, use esse poder.

Bom dia!

13
DEIXE O FALADOR FALANDO SOZINHO

Não dependa dos elogios, nem se entristeça com a crítica alheia. Você é aquilo que você é, e não aquilo que pensam ou falam a seu respeito.

Vou iniciar este texto com aquele clichezão bem óbvio, mas bem importante também: pare de dar atenção às críticas construtivas vindas de gente que não conhece você e que nunca construiu nada na vida. A gente só anda para a frente quando se dá atenção, se ouve e para de buscar do lado de fora alguém pra resolver o que está do nosso lado de dentro.

Dentro é o nosso lugar e só nós podemos acessá-lo. Nem tente colocar a chave da sua porta no bolso de outra pessoa porque a porta é sua, outra pessoa pode até abrir, mas apenas você vai conseguir entrar.

Então se desligue do achismo dos outros e olhe pra você, se dê atenção, cuide da cabeça e do coração. Dê as mãos a você mesmo e recomece sempre que precisar; recomeçar não significa que você é ruim em algo, e sim que ainda há espaço pra crescer. Caia pra dentro de você e cuide da sua energia – a nossa energia sempre vai chamar mais a atenção do que a nossa aparência, até mesmo porque a gente não precisa ficar rico ou perfeito
pra mudar de vida, a gente só precisa se importar e agir, a gente precisa é cuidar da gente mesmo e abrir o peito para as bênçãos que aparecem entre os desafios.

Então, deixe o falador falando sozinho e se envolva com seu presente, fique de olho no seu futuro e se apaixone por sua caminhada. Não fique imaginando como uma boa pessoa deve ser, vá lá você mesmo e se transforme na melhor pessoa que puder. Não retribuir o mal que nos fazem é o que mantém nossas bênçãos chegando cada vez mais, prepare-se para recebê-las.

Acredite, é muito melhor ser visto como louco seguindo seu próprio coração do que como uma pessoa sã seguindo a opinião alheia.

Pega essa visão.

Bom dia!

SEJA O PRESENTE

Aprenda com a massa e com o fermento: tem coisa que para dar certo a gente tem que esperar um tempo.

"Você pode pisar no acelerador, pisar fundo o tanto que for. Mas, se não tiver combustível no tanque, o carro não se mexe."[1]

Há momentos na nossa vida em que a gente está com tanta pressa que acaba esquecendo que é preciso aprender a caminhar antes de querer correr. E que, antes de correr, a gente precisa se abastecer. Correr hoje não vai fazer você chegar no dia de amanhã antes de ninguém. Dê atenção ao seu tempo. Lembrando o Sadhguru, "Você não sabe como uma bênção virá. É por isso que você deve se manter aberto e tratar cada aspecto da vida como uma bênção".[2]

O nosso maior presente é a própria vida, então esteja presente. Seja o presente. O único lugar onde você pode estar neste momento é exatamente aí onde você está. O único tempo que existe é o agora, então se ligue e se concentre aqui – a gente não vai conseguir colocar a mão em um futuro que ainda não existe, então vamos pelo menos tentar fazer o melhor com o que a gente tem agora.

Eu quero que meu amanhã seja melhor que hoje. Eu sei que meu amanhã depende do meu hoje. As minhas flores já são sementes dentro de mim. E de hoje pra amanhã é o momento certo pra plantar, cultivar e florescer.

Como disse Mãe Stella de Oxóssi: "Meu tempo é agora".[3] O nosso tempo é agora, o seu tempo é agora. Dê seu tempo de presente pra você.

Lembre que a colheita é individual e, pra colher, tem que plantar. Se plante, rapaz, vá cuidar da sua terra.

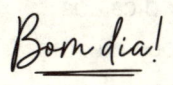

Bom dia!

15

VÁ CUIDAR DE VOCÊ

Se ligue, não permita que o outro viole seu espaço, dê limites. As pessoas nos tratam como a gente permite.

Aquilo a que você dá poder tem poder sobre você. Tome posse da sua vida, seja gentil com o outro, mas não deixe de se posicionar. A regra número 1 é você nunca ser o número 2 em sua própria vida, então se cuide e se ame. O seu amor-próprio será sempre seu melhor companheiro e sua maior proteção porque autoestima também é autodefesa.

Não dê espaço pra quem não se preocupa com suas emoções, cuide de você. Cuidar da vida espiritual acende tudo, e, com a luz acesa, a gente enxerga os buracos do caminho e é capaz de evitá-los. Não deixe pra amanhã, acolha-se agora. Pegue esse amor imenso que você dedica aos outros e dê de presente pra você mesmo.

Como luminosamente disse a minha irmã Bárbara: "O custo do cuidado é mais barato que o custo do reparo".[1]

Vá cuidar de você. Quem cuida da cabeça faz um bom destino.

Bom dia!

SEU FOCO DEVE SER SEMPRE VOCÊ

Tem um provérbio africano – "Quem não sabe dançar sempre diz que a música é ruim" – que me lembra muito um ditado popular brasileiro que diz que "o macaco que não pode comer a fruta sempre fala que a fruta está podre".

E, diante de tanta sabedoria popular, eu vou repetir algo que já disse aqui: muito cuidado com crítica construtiva vinda de gente que nunca construiu nada na vida. A pessoa frustrada acha que, diminuindo o outro, vai deixar de ser pequena. Ela se esquece de que falando mal do outro ela está mostrando muito mais sobre si mesma do que sobre a pessoa que ela está criticando. A real é que essas pessoas que não realizam nada cuidam da vida alheia porque não suportam olhar para o vazio da própria vida.

Mas quer saber de uma coisa? Deixa a boca venenosa falar, deixa que ela mastigue seu próprio veneno. Seu foco deve ser sempre você. Concentre-se em você e se conheça cada vez mais; quando a gente se conhece e tá de mãos dadas com a gente mesmo, a opinião dos outros passa a ser achismo, e sobre a minha ou a sua vida, ninguém tem que achar nada.

Proteja-se, cuide do seu psicológico e siga em frente. Como assertivamente explica Mario Sergio Cortella, "Gente grande de verdade sabe que é pequena e por isso cresce. Gente muito pequena acha que já é grande e a única maneira dela crescer é diminuir outras pessoas".[1]

E, aqui entre nós, só cresce quem sabe que ainda é pequeno. Uma pequena semente de vida de onde todo dia brota toda a nossa imensidão. A vida se move para a frente, e pra andar para a frente a gente precisa cair pra dentro.

Foca em você. Se concentre no seu caminho e vai!

Bom dia!

17
BOTE FÉ NA SUA CAMINHADA

A lagarta não precisa de um milagre para virar uma borboleta, ela precisa de um processo. Não fuja dos seus.

Tentar se esquivar da dor faz a gente sentir mais dor ainda. Se encare. Tem coisas que quebram nosso coração, mas consertam nossa visão. Não tenha medo, caia pra dentro de você. Qualquer situação que vá nos transformar, antes de ficar fácil, é difícil, mas sigamos firmes porque não recuar também é uma forma de avançar, e olhar para a frente nos leva até a nossa história que começa agora e está sempre (re)começando: "Até o último suspiro a vida é um processo".[1]

Às vezes, você acha que é o problema, mas é a cura. Às vezes, você acha que é a fechadura da porta, mas é a chave que a abre.[2] Então, que a sombra seja a mestra que nos ensina sobre a luz e que a luz seja o guia de proteção do espaço sagrado que somos nós.

Como canta Caetano Veloso, "Existe alguém em nós [...] que brilha mais do que milhões de sóis".[3] Bote fé na sua caminhada, confie e acredite no seu processo. O que você é tem muita força e o que você ainda pode ser só pode acontecer através de você.

Pega essa visão, levante daí e vá se encontrar com você.

Bom dia!

18

VIVA A SUA VERDADE

Só o dono da casa sabe onde ficam as goteiras.

Não dê atenção a críticas de quem não conhece suas lutas. A opinião de quem não conhece sua caminhada é apenas achismo e sobre sua vida ninguém tem que achar nada porque naquela hora lá que seu coração estava doendo só você sentiu a dor.

A caminhada é sua. Outras pessoas podem até te acompanhar mas ninguém pode andar seus passos. Pare de comer a pilha dos outros, e viva a sua verdade, é isso que te faz único.

As energias são contagiosas, então saia de perto de quem corta seu entusiasmo.

Preste muita atenção na energia de quem o cerca, tem gente que é vampiro e tem gente que é farol, fuja de quem suga, corra na direção de quem ilumina.

Bom dia!

A GENTE MERECE SER FELIZ AGORA

Vou dizer uma coisa pra você: se a gente for esperar ficar tudo bem na vida pra ser feliz, a gente morre sem dar a primeira gargalhada.

Na teoria, todo mundo quer voar, mas na prática o medo trava tudo. Abra o olho, você está vivo agora. A gente faz planos pro futuro, mas faz o nosso melhor pra ser feliz agora, porque o agora é o único tempo que existe pra viver, e a gente merece ser feliz agora.

Abrace sua vida e faça ela brilhar, coloque sua alma por onde passar. Você é o único caminho que você tem para chegar aos seus sonhos. Se abençoe, ilumine seus passos e, por onde passar, acenda sua luz e coloque tudo pra brilhar.

Você é uma ponte de luz, não deixe que ninguém nunca o trate como um buraco no meio da pista. Cruze com você e volte pra você mesmo quantas vezes for preciso, mas continue seguindo o seu caminho. Apenas você pode fazer a sua parte, apenas você pode seguir o seu caminho.

Bom dia!

CONCENTRE-SE NO SEU CAMINHO

Muito cuidado com crítica construtiva vinda de gente que nunca construiu nada na vida.

A pessoa que faz isso não percebe que ao criticar os outros ela está mostrando mais dela mesma do que da pessoa sobre quem ela está falando. E, na verdade, ela faz isso porque, olhando para a própria vida, ela percebe que não consegue realizar o que o outro está realizando.

Então mantenha-se concentrado na sua vida e não permita que o achismo alheio desvie seu foco. Deixe que a boca maldosa engula o veneno que ela mesma produz, preserve sua sanidade e siga em frente. Seu foco deve ser sempre você.

Concentre-se no seu caminho e vai!

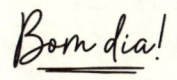

Bom dia!

21
SIGA NA SUA MISSÃO

Tem gente que entra na nossa vida como um presente e tem gente que nos presenteia quando sai.

Nos trilhos da nossa caminhada, muitas vezes precisamos dos dias difíceis para entender quem é família, quem é amigo de verdade, quem está só pegando carona e quem a gente nem deve deixar encostar, porque sim, tem gente que traz luz, mas também tem muita gente por aí que é gambiarra e só quer roubar a nossa energia. Fique atento e se mantenha concentrado nos seus passos – toda vez que está seguindo o seu próprio caminho, você está no lugar certo, porque a nossa principal jornada aqui é sempre em direção a nós mesmos.

Então, siga na sua missão e tenha muita fé na sua plantação, acredite que suas sementes germinarão.

Se solte de tudo que bloqueia sua luz, busque a amizade que o influencia a ser gentil, a ser saudável, se conecte com pessoas que têm impacto positivo na sua vida e impacte a vida delas também. Dê atenção a quem está vindo, e não a quem já teve o privilégio de estar ao seu lado e não te valorizou. Vá por mim, alguns ciclos precisam mesmo ter um fim.

Continue desejando o bem a todo mundo, uns bem pertinho, outros bem longe.

E não se preocupe – se você perdeu alguma coisa ou alguém, mas se encontrou... você não perdeu nada, só ganhou.

Segue o baile.

Bom dia!

22

SEJA SUA MELHOR COMPANHIA

"Não se iluda: jantar na mesma mesa não significa gostar da mesma comida!"[1]

Nem todo mundo que abraça você é seu amigo. Tem muita gente à nossa volta, mas são poucas as pessoas que estão com a gente de verdade. Tem gente que enfrenta uma tempestade ao seu lado, e outras que na primeira chuva desaparecem.

Fique esperto! Existem amigos e existem pessoas com quem passamos bons momentos – conviva com todos, mas seja seletivo com quem tem acesso à sua energia. Não entregue sua verdade a qualquer um, baú aberto não protege tesouro.

Seja sua melhor companhia e fique perto de pessoas que, antes de apontar seus defeitos, elogiam suas qualidades.

Deseje o bem a todos, mas saia de perto de quem não torce por você.

Se benza, se cuide e siga sua vida!

Bom dia!

23
CUIDE DA SUA ENERGIA

"Elegância não tem a ver com as roupas que usamos, e sim com as atitudes que vestimos."[1]

Cuide da sua energia. Não adianta nada se vestir de ouro e calçar um belo salto se seus pés, e sobretudo, seu coração, não estiverem vestidos de elegância. Viver não é sobre ter tudo que a gente quer, viver é sobre cuidar de tudo que já somos.

Olhar pra fora é importante, mas olhar pra dentro é muito mais, tanto é que quando a gente se melhora por dentro, as coisas em volta melhoram muito mais. Você não precisa ser a pessoa mais incrível do mundo, tendo gentileza na alma já é o bastante porque a energia que você carrega o apresenta antes da palavra.

Pode ter certeza de que sua energia sempre vai chamar mais atenção que

a sua aparência física. E não importa
seu sobrenome, suas joias ou seu nariz
empinado: é a maneira como você trata
as pessoas que mostra tudo sobre você.
Então cuidemos muito bem das coisas que
o dinheiro não compra, porque são
elas que nos tornam milionários.

Porque não é o que você leva no bolso que
o faz valioso, e, sim, o que você deixa no
coração dos outros. Pega essa visão!

Bom dia!

ABRA O OLHO PRA DENTRO

"Não se justifique. Para os inimigos, não adianta; para os amigos, não precisa."[1]

Não tem jeito: para algumas pessoas, tudo que você fizer nunca será suficiente, e tentando agradar a todos, você deixa de lado a pessoa mais importante da sua vida, que é você.

Então, se acerte com você e se justifique pra você mesmo. Se valorize, se cuide e deixe quem quiser falar o que quiser, porque você não precisa nem deve provar nada pra ninguém, mas você pode e deve provar um monte de coisa pra você mesmo. Abra o olho pra dentro e perceba que o maior tesouro do universo tá dentro de você. Tome posse dessa fortuna. Quando a gente tá inteiro com a gente mesmo, a árvore da expectativa alheia para logo de florescer.

Bom dia!

25

ACREDITE NO SEU AXÉ

Você pode saber o valor de toda e qualquer mercadoria. Mas se você não sabe o valor da sua alma, é tudo bobagem.

Se ligue! Enquanto ficar buscando fora de si mesmo alguém pra resolver seus problemas, você nunca encontrará a sua própria força, mas, quando você assume a responsabilidade por sua própria vida, você se torna o grande mestre de si mesmo. Esqueça os outros e trabalhe em você! Para que hoje você seja uma pessoa melhor do que era ontem. É muito mais jogo conquistar a si mesmo todos os dias do que vencer mil batalhas por aí.

Se dê atenção. Todas as sementes da sua luz já estão dentro de você. O seu AXÉ é uma força divina que lhe dá o poder de entrar e iluminar a mente e a vida de outras pessoas, não o ignore – acredite no seu axé. Esteja presente em você, coloque sua alma onde pisam os seus pés, pois é nesse lugar que a sua vida está.

Silencie sua mente e deixe sua alma falar, não é o universo que precisa conspirar a seu favor, e sim você quem precisa acreditar, então foca em você mesmo.

Como divinamente diz Buda, "Aquele que abandona a distração para concentrar-se na mente atenta é como a lua que se libertou da nuvem, passa a iluminar o mundo todo".[1] Abrace a sua LUZ e vá brilhar.

Bom dia!

26
ESCUTE SUA INTUIÇÃO

Inimigo declarado é perigoso, falso amigo é pior.

Pior que um bicho feroz que pode ferir seu corpo, o falso amigo pode machucar sua mente e seu coração.

Saia de perto. Se você perde um amigo e ganha sua paz, você não perdeu nada. Amigo de verdade valoriza seu corre, incentiva você a brilhar, acende a sua luz.

Você é o grande guardião da sua Luz Divina; então, se aproxime de pessoas que, quando olham pra você, ficam com os olhos brilhando também.

Amigos de verdade são pessoas que fazem da gente pessoas melhores também. Se ligue, escute sua intuição. Ao menor sinal de falsidade, construa sua cerca, se afaste.

Bom dia!

27
ALIMENTE AS RAÍZES DO SEU SONHO

"Você não sabe como uma bênção virá. É por isso que você deve se manter aberto e tratar cada aspecto da vida como uma bênção."[1]

Fluir com a vida para deixar que aconteçam as coisas que precisam acontecer, para que o nosso milagre chegue até nós. Confie no mistério, para receber a nova luz que vai chegar, a luz dos caminhos que abrimos, com pequenos passos corajosos, que nos levam a lugares imensos e espetaculares. A gente só acessa esses lugares quando cai pra dentro e se compromete com a gente mesmo, porque pra quem tá comprometido consigo a vida é repleta de pequenos milagres e não existe fracasso, porque tudo que acontece no caminho é aprendizado.

Alimente as raízes do seu sonho para que ele frutifique em prosperidade. E, aonde quer que você vá, leve consigo amor, paz e alegria. Reconheça as pessoas à sua volta pelo melhor que já viu nelas. Ao reconhecer o melhor em vez do pior, você vai despertar, nutrir e receber o melhor de todas as pessoas, e isso vai transformar o seu caminho em algo tão sagrado quanto o seu destino.

"Todos vocês são deuses, saibam disso. Olhem para dentro. Por trás da onda de sua consciência está o mar da presença Divina."[2]

Use a luz pra abençoar o seu caminho e se mantenha aberto ao inesperado. Quem se mantém aberto ao mistério está sempre na presença de Deus.

Bote fé.

Bom dia!

28

SUA ENERGIA É SAGRADA

Caranguejo se esconde pra água passar.

Sua energia é sagrada. Se cuide, se benza e se preserve. A gente tá aqui pra cuidar da gente. Você tá aqui pra cuidar de você.

Respeite sua intuição. Não se apegue
ao que te apaga, alimente o que fortalece.
Abrace quem te marca sem te ferir e
se saia de quem não comemora ao
vê-lo sorrir.

Dê as mãos ao seu Divino pra ter apoio
em cada passo. E, sempre que voltar
a caminhar, vá colocando os pés com
cuidado que o universo vai colocando
o chão embaixo.

Tenha fé.

Bom dia!

A GENTE NÃO ESTÁ AQUI PRA AGRADAR NINGUÉM

Quer um conselho? Só fala mal de você pelas costas quem sabe que você está na frente.

Mas a única pessoa que conhece os segredos dos dias e das noites do seu coração é você, então não dê atenção a língua de navalha. Enquanto eles falam mal de você, se concentre e cresça. Continue focado na sua caminhada e vá viver, porque a gente não está aqui pra agradar ninguém, a gente está aqui pra cumprir a missão de fazer a nossa vida prosperar.

Não perca tempo reagindo, não; pelo contrário, use essa energia para ficar em paz com você mesmo e siga o caminho com a consciência tranquila, mantendo-se bem longe dessas pessoas que veem defeito em tudo, menos nelas mesmas.

Como escreveu Rumi, "O pensamento adequado é aquele que abre um caminho".[1] Então, se saia de perto da mente maldosa, porque mentes negativas não constroem nada que preste e ainda sugam nossa luz. Não dê a ninguém o poder de tirar sua paz.

Preste atenção: tudo o que somos é resultado da nossa mente, tudo o que somos é criado pela mente. Assim, se você fala ou age com má intenção, a má intenção segue você, mas, se fala ou age usando a boa intenção, é a felicidade que vai atrás de você.

Como dizem por aí, o falador passa mal, mas a gente não, a gente se concentra e vai viver.

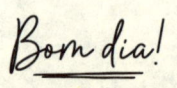

Bom dia!

30
A ENERGIA FLUI PARA ONDE VAI SUA ATENÇÃO

Deixa eu dizer uma coisa pra você:
o objetivo é ser melhor que ontem,
e não melhor que o outro.

A gente não está aqui pra disputar
com ninguém, liberte-se do outro e se
volte para você, pois o foco é sermos
melhor do que nós mesmos e nos
superarmos todos os dias. Assumir
a nossa escuridão para abraçar a
imensidão da nossa luz.

Não negue as mazelas da vida, mas
mantenha seu foco nas melhores coisas.
E deixe a vibração positiva empurrá-lo
para a frente, é pra lá que a vida vai.
A energia flui para onde vai sua atenção,
concentre-se em você e não se distraia.
Se você não acabar com as distrações,
as distrações vão acabar com
seus objetivos.

Sabe qual é o resultado de ter foco? É a realização. Então, mete a marcha e faz teu corre. A única parada que cai do céu é a chuva.

Concentra em você! Acredite na sua intuição! O Divino é sábio e o sábio mora dentro de você, se ouça, a resposta tá aí.

Bom dia!

31
VOCÊ É A SUA CASA

Tome água, cerveja, o que você quiser. Só não deixe de tomar conta da sua vida para tomar conta da vida dos outros.

Adiante seu lado, pois o tempo não é reembolsável. Você é o maior e mais importante projeto da sua vida, então coloque seu foco na sua caminhada e aproveite o agora. Pare de se comparar, esqueça os outros e abra espaço para você mesmo na sua vida. Já que vão julgar você de qualquer maneira, conecte-se com você e faça o seu.

Não desvie sua energia, não dê ao outro o poder de tirar sua paz. Sua vida nunca será sua enquanto você ficar se importando com o que os outros acham. Você é a sua casa, e o seu lugar é dentro de você; esteja presente, se ocupe de você e volte para dentro quantas vezes precisar – se vem de dentro e faz sentido, não precisa fazer sentido em mais nenhum outro lugar.

Deixe os outros pra lá e conquiste a si mesmo todo dia, ajude a quem te protege, ajuda a sua fé a te empurrar para a frente. Indo, fluindo e evoluindo. Não existe caminho mais bonito do que aquele que nos leva pra dentro, de volta pra gente. Ser o melhor de todos é bom pra caramba, mas ser o melhor para si mesmo é fantástico. Se permita conhecer o melhor de você e SEJA! Você já sabe que é, então SEJA!

Bom dia!

ABRACE SUA LUZ

Não é o universo que precisa conspirar a seu favor, é você quem precisa acreditar em si mesmo.

A única pessoa que tem acesso à sua mente é você, este é seu poder. Descubra o que quer ser e faça o que tem de ser feito.

Todo dia a vida vai mostrando que realizar sonhos é possível, às vezes não como a gente planejou, mas sempre de modos inacreditáveis. Não tenha medo de se realizar, faça sua parte e se entregue, seja o melhor parceiro da sua vida.

Você é feito de magia, abrace sua luz e deixe ela te acender. Não é o sopro saído da boca de ninguém que vai apagá-lo, você não é uma vela, dentro de você tem um sol inteiro a brilhar.

Seu axé é luz divina, deixe essa luz banhar você. Bote fé em você e acredite no que virá!

Vamos acender o nosso dia, colocar tudo para brilhar!

Bom dia!

33
NÃO INSISTA EM PERMANECER NAQUILO QUE JÁ ACABOU

Não insista em permanecer naquilo que já acabou – ciclos se encerram para que novos e melhores ciclos surjam em nossa vida.

Fim é fim. E, por mais doloroso que seja encerrar algumas histórias, chega uma hora em que a gente precisa parar de empurrar com a barriga, aceitar que acabou e seguir em frente. Viver o luto para se encontrar com a coragem e permitir que o mistério do desconhecido seja também o guia nessa nova etapa, com novas pessoas, novas experiências e novas formas de olhar para a gente mesmo com um olhar que nos aproxime cada vez mais de quem somos, porque quem não pode sair da minha vida sou eu, quem não pode sair da sua vida é você.

Tudo que acaba abre espaço para que algo novo comece. Às vezes, um fim é a nossa alma gritando por um recomeço. Pare de brigar com seu fluxo, dê espaço pra vida surpreendê-lo positivamente.

As coisas que estão por vir são sempre melhores do que as coisas que já foram. Acredite! Confie no seu processo. Aceite o seu processo! Aceita que dói menos.

Bom dia!

34

SEJA SEMPRE A PESSOA QUE OFERECE ALGO BOM

Pega essa visão: o amor é um presente que a gente recebe quando dá. De bons de briga o mundo anda cheio, eu quero saber é de quem está disposto a amar. Em tempos de guerra quem tem qualquer reserva de palavras de amor tem mesmo é que se apresentar.

Seja sempre a pessoa que oferece algo bom, o que os outros oferecem de volta é com eles. Ser amável é uma escolha e a gente nunca perde por fazer o bem ou por querer dar amor. Regar a flor do outro nunca atrapalhou a beleza de ninguém; pelo contrário, quando resolvemos florir em vez de ferir, a vida só fica melhor. Sejamos, sim, a razão de alguém acreditar que ainda existem pessoas boas no mundo.

Não existe nada mais bonito em uma pessoa do que uma energia bonita e um coração bom, então seja bom, não fique pensando no que a vida vai lhe dar, pense no que você tem a dar e ofereça sem pensar, seja o seu melhor. Se é amor que se quer receber, é amor que tem que se dar. E, ainda que colecionemos nossas cicatrizes, é mais suave escolher o amor espalhar.

Em todos os tipos de relação, a gente sabe que nada é eterno, mas sabemos também que o que a gente cuida dura mais. Seja grato, respeite, não use as pessoas, não traia e, se não tiver interessado, se saia.

Que encontremos sempre a paz no alto, para que nosso melhor brote de dentro, e que em tudo que passe pelas nossas mãos o amor seja o centro.

Muito amor, gente.

Bom dia!

35
TOME POSSE DA SUA LUZ

"Erro todo mundo tem. Falar dos defeitos todo mundo fala. Eu quero saber o que as pessoas têm de bom."[1]

Todos nós somos centelha divina, não somos carne nem ossos, nós somos luz, e dentro de cada pessoa há sacrifícios e renúncias que ninguém vê, então "na vida pra cuidar de si mesmo, use a cabeça, mas pra lidar com os outros, use o coração".[2] Conheça todas as teorias, domine todas as técnicas, mas, ao tocar uma alma humana, seja apenas outra alma humana.[3]

Concentre seus pensamentos em coisas boas. Luz atrai luz, e a positividade atrai milagres. Nunca pense em quem está fazendo melhor ou pior do que você. A pergunta é se você está fazendo o seu melhor.[4]

Todos somos sombra e luz, e ter essa consciência nos faz enxergar que toda pessoa é um espelho e um professor, e a gente tem sempre o que aprender com quem cruza o nosso caminho.

Use o Sol que você carrega dentro do seu peito para iluminar a maneira como olha pra você e para as pessoas à sua volta. Olhe para a vida com olhos de quem busca o melhor nas pessoas, e o brilho do seu olhar vai inundar de luz o seu caminhar.

Pode ter certeza: a sua glória divina se mostra ao mundo através da energia boa que você conduz. E o seu sucesso absoluto se revela quando mesmo de olhos fechados você enxerga a luz.

Tome posse da sua luz. Deixe acender, deixe queimar, bota essa coisa pra brilhar.

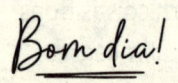

Bom dia!

36

ESTEJA PRESENTE

Como conta a sabedoria popular, se até cuscuz precisa descansar pra ficar fofinho, imagine eu.

Às vezes, a gente está tão apressado que nem percebe que está correndo demais, que está saindo da estrada e se perdendo no caminho.

E é nessa correria, tentando colocar a mão num futuro que ainda não existe, que a gente se esquece de viver o maior presente que a vida nos dá todos os dias: o AGORA. O único lugar real que existe, lugar no qual nossos pés estão fincados.

Não adianta ter tanta pressa, porque passar o dia de hoje correndo não vai antecipar o dia de amanhã. Esteja presente. Saboreie cada mordida que der na vida. E que cada pedacinho venha

cheio de nutriente para que nosso dia de amanhã seja melhor
que o dia de hoje.

Nós somos a semente do futuro, e os frutos do nosso amanhã estão contidos na semente do agora. Caminhada é tempo pra plantar, cultivar e florescer. Tenha paciência com você – é só amanhã, depois de viver o hoje, que a gente vai colher.

Bom dia!

37

ACREDITE EM VOCÊ

Coragem, minha gente! Se ninguém o apoiar, vá sozinho. Só não deixe de correr atrás dos seus sonhos por causa da opinião dos outros.

Lembre-se de que você é a sua própria plantinha e se regue, cuide-se e floresça. Enquanto a gente não for a nossa própria prioridade, a gente nunca será nada nem pra gente nem pra ninguém, então, se tiver oportunidade de escolher, escolha sempre ser quem você é, e segure firme em sua própria mão.

Dentro de você existe uma criança que ainda sonha, e é vendo você ser você mesmo que essa criança se lembra de ser quem ela é. Assim, mesmo que não saiba onde fica a chegada, vá em frente, porque, às vezes, a gente só precisa caminhar para ver surgir o caminho. Se arrisque ou nunca saberá.

Se conecte com a força que vive aí dentro, agradeça e fique esperto pra receber.
Às vezes, a vida fecha uma porta, mas o universo inteirinho tá se abrindo pra você.
Acredite em você.

Bom dia!

38
PRESTE ATENÇÃO NA SUA CAMINHADA

"Nem todas as árvores dão frutos, algumas vão lhe dar flores, e isso não quer dizer que uma é superior à outra. Elas são apenas diferentes."[1]

Nós não somos melhores que ninguém, ninguém é melhor do que ninguém. Cada um de nós está no seu lugar, no seu tempo. Usando as palavras do imenso Eduardo Marinho, "Que vencedor que nada... não estou aqui pra competir. Quem disse que a vida é uma competição? Aí compete marido com mulher, vizinho com vizinho, irmão com irmão, colega com colega. E nessa sociedade competitiva a minha derrota é a minha vitória".[2]

A vida não é uma competição, preste atenção na sua caminhada. Nossa passagem por aqui não tem *replay*, então é hoje a oportunidade de construir o amanhã que a gente tanto quer. Não se compare com ninguém. Acredite em você mesmo. As pessoas que não conseguem realizar seus sonhos dizem que você também não vai conseguir. Mas, se você quer muito uma coisa, corra atrás dela.

Abra um caminho para si mesmo dentro de si. Pare de olhar em outra direção.[3]

Olha para a frente, sua vida está lá.

Bom dia!

VOCÊ É A SUA CASA

Expectativa é igual paçoca, do nada esfarela tudo.

Quer um conselho pra vida? Viva a sua. A expectativa do outro é um lugar muito desconfortável para você morar. E você atrasa seu lado toda vez em que dá mais atenção ao que os outros pensam de você do que ao que você é de verdade.

Você é a sua casa, todos os seus pedaços estão aí dentro. Então, dê voz à sua intuição e decida seu caminho, abrace suas viagens.

Às vezes, a gente se preocupa com a expectativa do outro e o outro está fazendo planos que nem envolvem a gente.

A expectativa é do outro, mas a vida é sua. Seja seu foco, faça as coisas por você.

Bom dia!

40
FAÇA O SEU E DESEJE O MELHOR A TODOS

Pega essa visão: mentalidade pobre é achar que riqueza é apenas acumular dinheiro.

Porque a vida não é sobre o que você tem, a vida é sobre quem você é, e, embora dinheiro seja, sim, muito importante, a riqueza de verdade vai muito além do papel, as coisas mais valiosas nem preço têm. Abundância de verdade é ter conhecimento sobre o nosso valor, é ter consciência sobre nós mesmos e sobre a nossa capacidade de produzir e enxergar abundância onde outras pessoas só enxergam escassez.

Enxergar e acreditar que é possível é a base para toda riqueza. Não vai adiantar nada ter um monte de bem material se na cabeça e no coração só houver pensamento negativo e reclamação, porque em uma mente negativa coisas boas nunca frutificarão. Então, enquanto você pede, enquanto você espera, vá se preparando, tenha conhecimento sobre seus direitos, saiba o valor da sua hora de trabalho, faça seu corre suado, se concentre e adiante seu lado, porque nada acontece se a gente fica só reclamando e parado. Se quer algo bom, cultive isso dentro de você, porque o que você manda para o universo é exatamente o que vai receber.

Faça o seu e deseje o melhor a todos. É a semente que você planta que vai frutificar. Deseje abundância a todos, faz bem e o bem o seguirá.

Bom dia!

NEM TODA VENTANIA VEM PRA DERRUBAR VOCÊ

Pega essa visão: se você olhar para a vida como uma oportunidade, verá oportunidade em tudo. Mas, se você ficar olhando para a vida como um problema, verá problema em tudo.

Por trás de toda situação positiva ou não, existe uma oportunidade de crescimento. Tudo o que acontece é bom, e tudo o que não acontece também. Porque, independentemente de ganhar ou perder, em todas as situações a gente aprende.

Nem toda ventania vem pra derrubar você. Às vezes, cai um muro e se abre um novo caminho. Preste atenção na sua caminhada, pare de rodar em busca da resposta certa e siga em direção a você mesmo. O nosso maior problema somos nós mesmos, e a nossa grande cura também. Abençoe seus passos e use sua energia para se revolucionar.

Só você sabe o peso de cada gota d'água do balde que carrega, valorize seu corre. Você só pode acontecer através de você mesmo, então abrace o processo e acenda a sua luz, somente você tem esse acesso.

Em alguns momentos, você tá enxergando tudo escuro do lado de fora porque a luz que você está procurando está dentro de você. Se ligue. Hoje é um excelente dia pra acender. Use esse poder.

Bom dia!

42

SUA ENERGIA
É SAGRADA

"Carrega de ouro as asas de um pássaro
e ele nunca mais voará pelo céu."[1]

Não é o preço nem o brilho do que
você tem que o torna uma pessoa grande.
O que o faz imenso é a sensibilidade
de ver brilho na vida.

É a fé que nos dá asas e faz nossa
alma voar. A única coisa que a gente
precisa da vida é ter consciência de
quem a gente é e se sentir vivo antes
de morrer. Porque a nossa caminhada
é sobre quem a gente é, e não sobre
o que acham da gente.

E você é a semente de toda a sua vida,
pare de carregar o peso do achismo
dos outros e se despeça do que o
impede de voar.

Algumas respostas apenas a nossa alma consegue escutar. Comece a cuidar de você e a sua cura também vai começar.

Sua energia é sagrada. Lute para ser leve, gente carregada demais não voa.

Bom dia!

43
ADIANTE O SEU LADO

Nunca desista de um sonho por causa do tempo que você vai levar para realizá-lo, porque o tempo vai passar de qualquer forma.

A gente indo ou não indo, a vida vai passar. Então, é melhor a gente se concentrar no nosso sonho e escrever a nossa história da melhor forma que puder, agora. E não precisamos ser grandes para começar, e sim começar, pra viver e aprender a ser grande.

A gente nunca se sente 100% pronto pra nada e, se for ficar esperando a hora certa para agir, a gente nunca vai sair do lugar. Tá ligado aquela pessoa que tá lá no alto da escada? Ela começou pelo primeiro degrau.

Adiante seu lado. Tempo é vida, e a vida é para a frente. O tempo é igual ao rio, só flui para a frente.

Acenda a luz para você mesmo, vá viver. Coloca foco no seu sonho e vai!

Bom dia!

NÃO NORMALIZE
O QUE NÃO É BOM

"Mentir é maldade absoluta. Não é possível mentir pouco ou muito; quem mente, mente."[1]

Meia-verdade é sempre uma mentira inteira e, por menor que pareça, ela pode destruir grandes sonhos.

Quem mente achando que está salvando o presente, na verdade, pode estar estragando o futuro. Não normalize o que não é bom. Não é porque a gente está acostumado a ver todo mundo mentindo que mentir é certo, não!

A gente normaliza a mentira porque sabe que, se mentir, nessa cadeia todos nós estaríamos presos.

Pare de mentir, rapaz! A mentira leva para o futuro um problema que você criou no passado.

Bom dia!

45

SOLTE A CORDA

Pega essa visão: solte tudo que te prende e se prenda a tudo que te liberta. Mas nem em pensamento se mantenha perto de algo que te fere.

Toda vez que você força algo, só está reforçando que aquela coisa não é pra você. Pare de tentar segurar o que já foi e se ligue no presente. De repente, existe um pouquinho de felicidade bem ali virando a esquina, mas você não vê porque só fica olhando para trás, só que a vida é para a frente e a gente precisa aprender a abrir mão de algumas coisas para poder abraçar as coisas que são certas pra gente.

Às vezes, a decisão certa também é dolorosa, mas, em alguns momentos, segurar dói muito mais do que deixar ir. Se afastar de algumas pessoas e situações é autocuidado. Se aproxime de você, se amarre em você, vá embora de qualquer lugar, mas todo dia volte pra você. Bom ou ruim, tudo passa, mas a gente continua. Com todas as nossas vivências, nossos momentos bons e ruins, com aprendizados, mudanças, amadurecimento, no fim das contas você sempre terá você.

Quando a gente prende o que a vida já afastou, a gente atrapalha o caminho do que se aproxima. Pare de querer ser rocha, deixe fluir, não tem correnteza que tire de você o que é seu.

Solte a corda. Deixar ir também é amor.

Bom dia!

46
VALORIZE O SEU PROCESSO

Só quem carrega o próprio balde sabe o valor que cada gota d'água tem.

Valorize o seu processo. Só você sabe a quantidade de baldes carregados e quantas correntezas enfrentou para chegar até aqui.

Só eu sei o quanto lutei com a ventania até conseguir fazer minha pipa subir. Mas eu agradeço por tudo porque, mesmo quando me sinto embaixo, enxergo a chance de aprender o que preciso fazer pra subir.

Nossas travessias são ciclos e, assim como as borboletas, nós não precisamos de mágica para criar asas e sair voando por aí.

Para brilhar, o ouro precisa passar pelo fogo. Não tenha medo, tenha fé! Abrace o seu processo e acenda a sua luz.

Bom dia!

47
COLOQUE SUA ATENÇÃO EM VOCÊ

Papo reto: quando você se afasta do que atrasa você, o corre começa a dar certo.

Cortar da nossa vida pessoas e situações que nos fazem mal é um ato de amor-próprio. Se você é uma pessoa que sonha com coisas boas de verdade, deve aprender a abandonar o que não faz bem pra você e o que suga sua energia em vez de expandi-la. Porque a gente nunca vai conseguir vencer na vida se estivermos perdidos dentro da mente.

Pare de buscar aprovação de gente que nem te conhece e trabalhe duro em você. Você não tem ideia até onde a sua autodedicação pode te levar. Ocupe sua vida com sua própria vida, pare de encher seus dias com a vida dos outros e preencha sua vida com seus objetivos, com as suas próprias realizações e com a sua ideia de sucesso. Quando a gente está focado na nossa melhoria, não sobra energia para julgar nem espaço para ser atingido por julgamento alheio.

Coloque sua atenção em você, pois a atenção é como a luz do Sol; quando está acesa, revela tudo.

Procure sua luz, vá atrás de você, descubra quem você é, tente descobrir de onde veio e ilumine o caminho por onde você vai. Preste atenção em você mesmo, as coisas funcionam melhor para quem tira o melhor proveito de si mesmo. Pega essa visão, se concentre aqui e se aproveite de si.

Bom dia!

48

NÃO TENTE FUGIR DE VOCÊ MESMO

Rapaz, fique mais de boa, pegue mais leve com você mesmo. Dias ruins também fazem parte de uma vida boa e plena.

Todos nós temos luz e trevas dentro de nós, e crises são portais para a transformação. É reconhecendo o tamanho da nossa sombra que enxergamos também a grandeza da nossa luz. Se ame e tenha sempre respeito por você, se acolha e seja a sua maior causa.

Não tente fugir de você mesmo. Sentimento é pra sentir, então, seja o que for, sinta; senão vai ter que lidar com o que não sentiu pelo resto da sua vida. Sinta e se liberte pra brilhar. A gente brilha diferente quando se dá conta de tudo que a gente é, e bonito mesmo é ser real.

Se trate com o mesmo amor que você trata alguém que ama muito e peça ao seu Divino pra lhe dar coragem suficiente pra enfrentar seus medos e seguir sua caminhada. Pega essa visão: tem murros no estômago que são um verdadeiro pontapé inicial.[1]

As estrelas não brilham porque elas querem aparecer, elas brilham porque é isso que as estrelas fazem. Siga aceso, você também é uma estrela, não é um céu nublado que vai apagar a sua luz.

Bom dia!

49
MUDE O FOCO E MUDARÁ A DIREÇÃO

Mude o foco e mudará a direção; mude os pensamentos e mudará o comportamento; mude o rumo e mudará os resultados. As coisas só mudam para quem muda!

Feliz é quem desiste de olhar para fora e investe seu tempo lapidando a si mesmo. Para viver bem no hoje, a gente precisa se livrar do peso de ontem e manter os pés no agora. Focando no que a gente acredita e colocando a melhor energia na ação.

Acredite na sua capacidade de mudar e mude para melhor! Tudo é possível, nunca duvide disso. Pare para pensar aí. Se olhar para um sonho já nos deixa tão feliz, imagine atingir um objetivo sem desviar do caminho.

Cuide de você com carinho e se apaixone pelos seus passos, são eles que estão te

conduzindo até a sua melhor versão.
Você é o seu mundo, então, se você muda,
o mundo muda.

A gente vive esperando que as coisas
e as pessoas mudem. Daí chega o dia em
que a gente muda e vê que nada mais
precisa mudar.

Se ligue, você não é um poste; se algo
não o agrada, se mova, leve sua luz pra
outro lugar.

Bom dia!

50
A ESSÊNCIA DA VIDA É SER

Se aquilo que você quer precisa ser tirado de alguém, arranje outra coisa pra querer.

Porque a essência da vida não é ter, a essência da vida é ser, e "vida em abundância vai muito além de condições financeiras. Tem muita gente rica vivendo em estado de plena pobreza".[1]

Ostentação de verdade é ter dignidade, é estar perto de quem fortalece a gente, é deitar para dormir com a consciência limpa. Quem é rico de verdade não fica cobiçando o que é dos outros, porque suas riquezas brotam de uma mente positiva e uma mente de sucesso enxerga abundância até onde todo mundo só vê escassez. Olhe pra tudo de bom que você já tem e agradeça. Não adianta nada ter um monte de dinheiro se no coração só houver ingratidão.

A pessoa gananciosa pode estar morando num palácio e mesmo assim vai continuar se sentindo infeliz, porque ela perde tanto tempo desejando o que não tem, que acaba bloqueando a chegada do que ela realmente precisa.

Tome cuidado e fique ligado pra que sua sede não faça você beber do copo errado.

Se você quer algo bom, cultive a bondade dentro de você, porque o que você emana para o universo é exatamente o que você vai receber. Se ligou?

Bom dia!

51
NÃO TENTE SER COMO OUTRA PESSOA

Como citou Chorão, "o fusca te leva ao mesmo lugar que a BMW; cachorro-quente mata a fome da mesma forma que caviar. A água de qualquer praia é salgada como a de Fernando de Noronha. Você só não aproveita sua vida porque quer ter a vida dos outros".[1]

Se ligue. Pare de perder tempo deixando sua comida esfriar enquanto você observa o prato de outra pessoa. Vá cuidar de você, porque, se as coisas não estiverem bem dentro da gente, elas não estarão bem em lugar nenhum.

A gente passa a vida inteira dentro da gente mesmo, então o lugar mais agradável do mundo tem que estar dentro da gente. Não tente ser como outra pessoa. Não tente agir como outra pessoa, seja você mesmo e acredite em você.

Enquanto você ficar tomando conta
da plantação do vizinho, a sua semente
nunca vai florescer.

Pega a visão.

Bom dia!

CUIDE DO SEU CAMINHO

"Tem gente que é igual a pernilongo: além de tirar seu sono, ainda quer sugar seu sangue."[1]

A gente precisa aprender a se afastar de quem nos afasta da nossa paz. Pessoas que perdem tempo tomando conta da vida dos outros porque ainda não perceberam que essa vida aqui é uma casa onde estamos só de passagem. Cuide do seu caminho.

Sua luz e seu calor sempre vão atrair parasitas, então proteja o seu campo e trate de ser feliz, porque, para essas pessoas, nosso sorriso tem o mesmo efeito que o brilho do sol tem para um vampiro, acaba com a energia delas.

Cuidar da energia que a gente tem dentro é o melhor remédio contra qualquer energia que vem de fora.

Se ligue! Se cuide, se benza, se proteja.

Bom dia!

53

CONTINUE A SUA CAMINHADA

"Praga de urubu magro não pega em cavalo gordo."[1] Pra quem tem fé, energia negativa não existe.

Existem pessoas que não fazem nada pra mudar a própria vida, mas se incomodam com a mudança que você faz na sua.

Cuide de você. Quanto mais frutos você der, mais pedrada você vai levar, mas, se você está conectado ao seu Divino e conhece sua essência, nada que vem de fora pode atingi-lo.

Seu foco tem que ser você, se proteja, se benza e continue a sua caminhada.

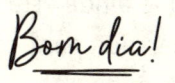

Bom dia!

54

SE SINTA BEM POR ESTAR NA CONTRAMÃO

Não ligue muito para o que os outros estão falando; a gente se aliena no coletivo.

Se você estiver fazendo o que todo mundo está fazendo, ferrou – porque a maioria das pessoas não tem consciência. Se sinta bem por estar na contramão. Não queira vestir a mesma roupa, a mesma calça, a mesma bolsa, não queira ser igual a todo mundo. Como eu disse antes, a gente se aliena no coletivo, mas a gente transcende e evolui na individualidade.

Não importa se todos olham para você como um esquisito, diferente; importante mesmo é você continuar sendo fiel a si mesmo e ter consciência de que ainda está crescendo. Não existe hora marcada para acertar ou errar, porque cada um de nós cresce em um tempo diferente, e a vida é muito curta pra gente perder esse tempo preocupado com a opinião dos outros; então, acredite em você e vá na direção da sua fé. É a energia que sai de dentro de você que atrai a energia que você vai receber.

Cuide de você, use sua energia para se acender, você não está perdido, ninguém está perdido, todos estamos nos buscando. Esse furacão que está acontecendo aí dentro é o universo te guiando a uma nova fase da sua vida. Talvez, o que você tanto procura se encontra depois dessa tempestade.

Atenção: tudo melhora por fora quando a gente acende nossa lâmpada de dentro. As pessoas mais belas são as que se arrumam por dentro.

Deixe o povo falar até a língua ferver, importante de verdade é você confiar e investir sua energia em você. Pega essa visão.

Bom dia!

55
NÃO EXISTE UMA FORMA ÚNICA QUE SIRVA PRA TODOS

A mesma mão que acaricia também pode bater, o mesmo fogo que queima também pode aquecer. Tudo nessa vida tem dois lados, depende dos olhos de quem vê.

Não existe uma receita única que sirva para nós todos. Cada um lê a vida com os olhos que tem e interpreta a partir de onde seus pés pisam. Todo ponto de vista é a vista de um ponto. Os sapatos que ficam bem nos pés de uma pessoa apertam os pés de outra. Não existe uma forma única que sirva pra todos.

Você já parou para pensar que um fio de cabelo na cabeça é pouco, mas na sopa é muito? E que a mesma chuva que para o peixe é "de boa", para a formiga pode ser o fim do mundo? Às vezes, o que a gente precisa é mudar a cadeira de lugar, e olhar a vida por outro ângulo, pelo nosso ângulo, porque tudo nessa vida é relativo. Nós podemos sofrer muito desejando o pouco que nos falta ou podemos gozar muito agradecendo pelo tanto que já temos. O tamanho do céu depende de quem molha.

Bom dia!

56

A GENTE PRECISA FAZER O QUE PRECISA SER FEITO

"Pegar lenha durante o dia é ruim, mas ficar sem fogo durante a noite é pior."[1]

Eu aprendi com minha querida Rita Batista que, antes de fazer o que a gente quer fazer, a gente precisa fazer o que precisa ser feito. E a gente sabe que pra montar uma fogueira é preciso catar lenha.

Vamos sair do lado daqueles que apenas questionam o que não foi feito e passar para o lado daqueles que buscam e trazem a solução, porque a gente só pode reclamar quando a gente está disposto a ajudar.

Então, em vez de reclamar do frio da noite, levante mais cedo. Pega essa visão: se você cata sua própria lenha, ela aquece você duas vezes.

Bom dia!

PROTEJA SEU ESPAÇO E SUA ENERGIA

"Prefiro mil vezes compartilhar uma casa com mosquitos sugando meu sangue do que compartilhar uma casa com invejosos sugando minha alma."[1]

Cuide da sua energia. Sua alma, seu corpo são templos, cuide do que lhe é sagrado.

A gente não é rede social a que todo mundo tem acesso gratuito e entra e sai na hora que quer, é interessante escolher quem fica.

Sua maior proteção é a atenção que você se dá. Não adianta nada colocar esparadrapo no umbigo para se proteger da energia que vem de fora se nem você mesmo está cuidando da energia que mora aí dentro. Se ligou?

A mesma luz que faz você brilhar pode também atrair parasitas pra sua vida, cuide do seu campo. Proteja seu espaço e sua energia.

Bom dia!

58

CONTINUE CUIDANDO DA SUA VIDA

"Na boca de quem não presta quem é bom não vale nada."[1]

Quer um conselho? Se tem alguém falando de você, deixe falar. Mantenha o foco e continue cuidando da sua vida.

O que o fofoqueiro pensa de você é problema dele e o que ele fala não diminui quem você é. Na verdade, ele fala de você porque sabe que não consegue agora realizar o que você está realizando.

Gente sem tempo faz dinheiro. Gente com tempo faz fofoca! E a gente investe nosso tempo na nossa semente.

Se liberte da opinião maldosa dos outros, foca em você e vai!

Bom dia!

59

PODEMOS CRESCER COM TOQUES SUAVES NA ALMA

Não é porque você aprendeu apanhando que precisa ensinar batendo.

Pelo contrário, quando a gente se liga, percebe que, se podemos aprender com os golpes duros da vida, também podemos crescer com toques suaves na alma.

Ser grosso não tem nada a ver com ser verdadeiro, e, apesar de muitas vezes a gente não conseguir controlar nossos pensamentos, a gente pode, sim, controlar as nossas palavras. E, em vez de usar a língua como faca, deixe que da sua boca saiam flechas de mel. Lembre-se que quem mexe com mel sempre lambe os dedos.

"Levante suas palavras, não sua voz. É a chuva que faz as flores crescerem, não os trovões."[1]

Bom dia!

60
NÃO ACREDITE EM TUDO QUE VOCÊ VÊ

Cuidado: "O bajulador sempre vai lamber o chão que você pisa, até te fazer escorregar".[1]

Ele se apresenta como ouro, mas é apenas dourado. E, pior que um animal selvagem que pode ferir seu corpo, o falso pode ferir sua alma.

Ele é invejoso. Ele não quer ter o que você tem, ele quer é que você não tenha.

Fique esperto, não acredite em tudo que você vê; até sal às vezes parece açúcar. Deixe isso (o invejoso) pra lá!

Se tem alguém falando de você por trás, é sinal de que você está na frente.[2]

Mantenha seu foco.

Bom dia!

61

SE AFASTE DE QUEM NÃO CONSEGUE DIVIDIR O BRILHO DA VIDA COM VOCÊ

Como diz o ditado popular, "Por fora bela viola, por dentro pão bolorento".

Papo reto. Tem gente que cuida tanto do lado de fora que acaba se esquecendo de que é de dentro que o brilho sai. Não adianta nada ter um cabelo lindo e usar roupas lindas se por dentro tiver tudo podre. A gente precisa ter muito cuidado ao escolher as pessoas que terão a grande oportunidade de conviver com a gente, porque nem todo mundo torce pela gente; então, vamos evitar dar munição pra gente invejosa.

Pessoas boas fazem outras pessoas se sentirem muito boas. É esse tipo de pessoa que a gente tem que ser, é com esse tipo de pessoa que a gente tem que conviver.

É show se olhar no espelho e ver tudo bonito, mas massa mesmo é fechar o olho e ver tudo brilhando por dentro. Se afaste de quem não consegue dividir o brilho da vida com você.

Enquanto eles invejam você, mantenha seu foco e continue a crescer. Pega essa visão.

Bom dia!

62

ESCOLHA SER GENTIL

Pega essa visão: quando você tiver de escolher entre estar certo e ser gentil, escolha ser gentil.

Porque não adianta nada ficar lutando pra vencer o que vem de fora. A gente não tem controle sobre o outro e, pensando bem, a nossa grande tarefa aqui não é vencer o outro, a gente está aqui pra descobrir quem a gente é de verdade e lidar com as nossas muitas camadas. Uma pessoa que diz algo desagradável está carregando algo desagradável dentro dela e, por mais que a gente queira ajudar, não podemos nos deixar envolver pela carga do outro; pelo contrário, não devolver aos outros o mal que fizeram com você é o que mantém suas portas abertas para as bênçãos, e com as portas abertas as bênçãos sempre chegam.

Circunstâncias externas não podem determinar nosso estado de espírito, na verdade é nosso estado de espírito que dá o tom de tudo que está fora, e, quanto mais luz você enxergar dentro de si, menos sombra você vai ver do lado de fora. Isso porque, quando a gente decide ser uma pessoa melhor, a gente é motivado pela gentileza, e não pelo desejo de vencer os outros. Se quiser vencer alguém, seja hoje melhor do que você mesmo foi ontem.
A nossa "grande obra" aqui é viver a nossa própria história e realizar nossos sonhos. Então, bote fé na sua jornada e mantenha seus olhos voltados pra você.
O nosso corpo é o baú da nossa alma, pare de procurar do lado de fora, se ligue, seu tesouro brilhante está dentro de você.

Bom dia!

63
VÁ CUIDAR DE VOCÊ

Rapaz, se ligue! Você nunca vai se curar se continuar fingindo que não está ferido.

Vá cuidar de você, é você quem precisa cuidar de você. Ficar responsabilizando os outros por seus problemas não vai resolver nada, pare de fugir das suas dores. Essas dores que você sente são mensageiras, escute-as; prepare-se para sair do psicológico e partir para a ação. Para atrair uma vida melhor, a gente precisa se transformar numa pessoa melhor. Não vai adiantar nada esperar pelo novo sendo o mesmo.

Nosso corpo é território de libertação, então usemos a nossa energia para revolucionar a nós mesmos. Cuidando da nossa raiz para que os melhores frutos brotem de dentro de nós. Cuidando da nossa energia para que a nossa energia cuide da gente.

O autocuidado é uma força potente, que afasta a tempestade e aproxima a bonança da gente. Cuide de você, confie, deixe que a intuição oriente, comece hoje a se transformar na pessoa que você quer ser daqui para a frente.

Bom dia!

64
NINGUÉM É MELHOR QUE NINGUÉM

"Tem mais valor uma vela acesa na escuridão do que uma enorme fogueira queimando na luz do dia."[1]

Como disse Rubem Alves, se o maior fosse o melhor, o elefante seria o dono do circo.[2] A gente sabe que tamanho não é documento. Então, vamos parar de ficar nos comparando com os outros. Quando a gente se compara, a gente sempre se inferioriza, e isso destrói a nossa autoestima. Ninguém é melhor que ninguém, cada um é mestre na arte de ser quem se é. Esse é o nosso grande poder: ser exatamente quem a gente é, acender a nossa vela ou a nossa fogueira, porque só a gente sabe o tamanho da nossa escuridão. Pare de querer se esquentar na fogueira do outro, acenda a sua própria chama, é o seu fogo que vai aquecê-lo.

Tem um texto judaico que diz que, se o homem carrega a sua própria vela, ele não precisa ter medo do escuro. Mantenha sua visão acesa e você vai perceber que toda luz dessa vida tá aí, dentro de você.

Bom dia!

65

O QUE PASSOU NÃO DEFINE VOCÊ

Um erro que lhe faz humilde é melhor que uma conquista que lhe faz arrogante. Se você se afundar no passado, ele vai governar o seu presente e determinar o seu futuro.

Tem um ditado iorubá que diz que quem olha para trás enquanto corre, com certeza, vai tropeçar. Olhe para a vida, ela está na sua frente, diante dos seus olhos. O que passou não define você. Todos temos o direito de começar de novo e perceber que estar em paz é mais importante do que estar certo.

Um erro é somente um resultado.
Um resultado que nos faz enxergar que podemos nos melhorar, porque, se os espinhos fazem parte de nós, é sinal de que de nós também já brotou uma flor. Só erra quem faz. Você já parou para

pensar que do seu erro pode brotar o seu sucesso? E já parou para pensar quantas vezes já se superou? Não? Pois eu tenho certeza de que neste exato momento você está se superando de novo; então, valorize a sua história.

Bendita é essa força que nos ensina a renascer e a usar a energia para nos lapidar todo dia.

Se abençoe e se celebre. Você merece.

Bom dia!

DEIXE O RESSENTIMENTO PARA TRÁS

Guardar ressentimento é como
beber veneno e esperar que a outra
pessoa morra.

Perdoar é muito importante. A gente não
deve dar comida para a mágoa, porque
tudo o que a gente alimenta cresce,
e a mágoa envenena a alma e apaga a
nossa luz. Guardar ressentimento é como
carregar uma bomba-relógio dentro da
gente mesmo. Se despeça disso, sai mais
barato perdoar.

Se alguém lhe tratar mal, deixe pra lá, isso
é problema da pessoa, e não seu; quem vai
precisar lidar com a consequência desse
ato é ela, e não você. Às vezes, a pessoa
que machucou você nem está ligando,
então porque está aí se envenenando
aos poucos?

Lembre-se de que aqueles que não
perdoamos deitarão na nossa cama
e perturbarão o nosso sono.[1]

Deixe o ressentimento para trás,
ressentimento cansa e nos impede de
prosperar, abandone esse peso e vá viver.
Não tem nada mais prazeroso nessa vida
do que caminhar com as mãos livres e o
coração em paz.

Se priorize. Vá sempre atrás da sua paz.

Bom dia!

67
NÃO PERMITA QUE O BARULHO DE NINGUÉM TIRE VOCÊ DO SEU CENTRO

"Barulho não prova nada. Uma galinha bota um ovo e cacareja como se tivesse botado um asteroide."[1]

Igual ao tambor que faz o maior barulho, mas é oco por dentro.

A gente não pode permitir que o barulho de fora tire qualquer paz que lutamos para ter dentro.

A explosão é assustadora, porém é o estilhaço que machuca, é a ele que a gente deve ficar mais atento.

Se for pra ficar confuso, que seja pelo seu próprio tormento, mas não permita que o barulho de ninguém tire você do seu centro.

Bom dia!

68

MUDE SEUS PENSAMENTOS E VOCÊ MUDARÁ SEU MUNDO

Alimentar maus pensamentos é como subestimar o inimigo. Você se distrai, ele destrói você. Pensar em coisas boas faz bem ao coração e cura as feridas da vida. O que sai da nossa cabeça ganha asas, então só alimente o que você quer ver voar. O pensamento positivo pode vir naturalmente para alguns, mas também pode ser aprendido e cultivado, mude seus pensamentos e você mudará seu mundo.

Nunca pense em desistir, aconselho você a prosseguir. O tempo voa, rapaz. Pegue seu sonho: a melhor hora e o momento é você quem faz.

Acredite. Pense positivo.

Bom dia!

69
OCUPE SEU LUGAR

A pessoa que você será amanhã depende da atitude que tomar hoje; quem não luta pelo futuro que quer terá que aceitar o futuro que vier.

Ficar parado reclamando não vai mudar nada, pois, para tornar nossa vida melhor, a gente precisa agir. Caminhar pra viver o caminho e estar pronto para, a qualquer momento, sacrificar o que somos para nos transformar no que ainda queremos e podemos ser.

Arrisque-se, faça aquilo que acelera seu coração, seja o que você desejar ser, só não seja o seu próprio não. Então, mesmo que ninguém esteja vendo, continue o seu corre, porque você não está aqui para impressionar ninguém. Você está aqui para realizar seus sonhos.

Pare de resistir ao chamado de sua alma.
Deixe a janela aberta para uma nova luz
entrar. Nesse grande acontecimento que
é a vida, tem uma cadeira reservada pra
cada um de nós. Faça o seu melhor,
ocupe seu lugar.

Bom dia!

70
A GENTE NÃO É A SEMENTE DA EXPECTATIVA ALHEIA

As estrelas não brilham porque querem ser vistas. Elas brilham porque é o que as estrelas fazem.

Foque em você e faça o seu. Cada pessoa enxerga a gente de uma forma diferente, e o que cada pessoa enxerga é problema dela. Eu não sou o que você pensa de mim. Você é o que você pensa de mim.

A gente não é a semente da expectativa alheia. A gente tem é que continuar se transformando até se parecer cada vez mais com a gente mesmo. Temos é que cair pra dentro da gente e, durante o mergulho, nos encontrar várias vezes com nós mesmos, escutar a nossa própria voz. Deixa quem quiser falar e se ocupe de você. Vá brilhar seu brilho.

Bom dia!

71
TENHA FÉ EM VOCÊ

Dizer que você só será feliz quando as coisas mudarem é o mesmo que dizer que você só vai sorrir quando seu reflexo no espelho sorrir primeiro. Se ligue! Nossas ações são as sementes que lançamos na terra, e nossos sonhos só vão florescer se cuidarmos deles diariamente, sem pressa, mas sem perder tempo; ajudando a vida a fluir para transformar nossos sonhos em flores.

Para amanhã ser massa, a gente precisa fazer o hoje valer a pena. Se você quer que a vida sorria para você, sorria primeiro; se você quer mudança, se mexa, se mova. A gente colhe o fruto que semeia, mas, até o momento de colher, tem muito que regar, então adiante o lado porque, antes de contemplar as flores, é necessário dar atenção às raízes. Tenha fé em você, tenha fé na vida. Dias melhores podem ser construídos,

e, acredite, por mais alta que seja a
árvore, ela um dia também já foi semente.
Se adube. Faça o seu.

Bom dia!

72
VOCÊ NÃO É O ERRO
QUE VOCÊ COMETEU

Na vida é bem melhor dar passos pra trás para acertar a rota do que dar passos para a frente no caminho errado. Apenas não cometa o erro de não se arriscar por medo de errar, porque, se você não tentar por medo de falhar, você já falhou.

Desacertos não definem nosso caráter, você não é o erro que você cometeu.
É preciso ter consciência de que devemos nos perdoar e recomeçar toda vez que for necessário. Se a gente vive dando duas, três chances pra todo mundo, por que é que com a gente mesmo é só cobrança?

Enquanto a culpa diz que você está errado e a vergonha aponta que você é o erro, aceitar que erramos somente prova que na verdade somos ouro, passamos pelo fogo para brilhar. Estamos aqui aprendendo, e aprender nos faz luz.

A vida não é uma linha reta: cada curva do caminho é uma chance de retornar e fazer diferente, porque para quem está no caminho errado, voltar para trás é um progresso. Dar um passo para trás para tomar impulso também é movimento, e este nos coloca na posição de flecha do nosso arco; então, se ligue e aponte sua mira para onde você quer abrir caminho. Ficar parado se lamentando não vai levá-lo a lugar nenhum, então se aposse do AGORA, pegue-o nas suas mãos e vá.

Escute Raul Seixas: "Não diga que a canção está perdida, tenha fé em Deus, tenha fé na vida, tente outra vez! A água viva ainda tá na fonte".[1] Mergulhe!

Bom dia!

73

SONHE IMENSO, MAS SE PREPARANDO

Diz o ditado popular que "o que é do homem o bicho não come".

Por mais que os outros copiem nossas ideias ou palavras, aquilo que é nosso, nossa paixão, a maneira como fazemos o nosso sonho brilhar, ninguém pode imitar. Então, sonhe imenso, mas se preparando. Vá sonhando, vá rezando e vá fazendo. Porque quando a SUA oportunidade aparecer, o primeiro da fila tem que ser você.

A vida é uma preparação para a própria vida – ao mesmo tempo que estamos ensaiando, o jogo já está valendo, não existe *replay*, é tudo à vera.

Então, fique esperto, se ouça e caminhe todos os dias em direção a você mesmo, porque o que é seu está vindo na sua direção e isso ninguém pode roubar.

Bom dia!

74

O QUE FAZ DAR CERTO É NÃO PARAR DE TENTAR

Coragem, rapaz, o passo que você está com medo de dar pode ser aquele que vai mudar tudo.

Como disse a ginasta Nadia Comăneci, "A única maneira de escapar do medo é atropelá-lo sob seus pés".[1]

Se você nunca se arriscar, nunca haverá sucesso, porque vontade sem ação é muito pouco e quem fica só imaginando tudo o que pode dar errado acaba não fazendo nada. Pare de dar atenção à porta fechada e comece a olhar para as portas abertas. Confie que aquilo que o trouxe até aqui também vai levá-lo até lá, e continue se movendo, porque o que faz dar certo é não parar de tentar.

Os passos espetaculares que damos
são conquistados através de pequenos
passos corajosos. Se num dia a gente
se quebra todo, no outro a gente se
remenda, porque a caminhada é sobre
recomeçar, e, quando a gente aprende
a lição, o obstáculo vira degrau. Então,
se não está bom, agora é a hora de
mudar, as melhores oportunidades
podem estar bem atrás das portas
em que mais tememos encostar.

Não espere seus sentimentos mudarem
para agir; na verdade, é o contrário:
mova-se que seus sentimentos vão
mudar. Avance, se lembre de que,
se você não acender a luz, no escuro
vai ficar; mas se recorde também de
que quem tem amizade com o raio não
precisa temer quando o trovão roncar.
Aplique FÉ no seu medo, coloque seu
medo para rezar, a coragem é o medo
após orar.

Não espere as coisas acontecerem – vá
lá e faça a coisa desabrochar. Sem ir,
você nunca vai saber aonde pode chegar.

Plenitude é respeitar cada fase da vida
e nunca ter medo de recomeçar.

Vai lá, faça sua coisa brilhar.

Bom dia!

75

SEJA PACIENTE

Seja paciente. Você não come a fruta no mesmo dia em que planta as sementes.

"Aprenda uma lição por dia e, em um ano, terá aprendido 365 lições", conta um ditado japonês.

Lembre-se de que o homem que move montanhas começa carregando pequenas pedras.

Não precisamos de correria, e sim de passos firmes, ainda que lentos. Nessa busca por nós mesmos, um único dia de inteira presença pode valer tanto ou mais do que uma vida inteira na máxima velocidade.

A vida dá trabalho, mas a gente não pode nunca desistir da pessoa que a gente está se tornando.

Nós temos o superpoder de fazer um pouco todos os dias e, enquanto tivermos vida, será tempo.

Bom dia!

76

SEJA O SEU PRÓPRIO MILAGRE

O deserto faz parte do trajeto, mas não é o seu destino.

Tenha paciência com você, evoluir dá trabalho. O caminho que te levará até a pessoa que você quer ser dói, mas também cura.

Dentro de cada um de nós há outra pessoa que só vamos conhecer se nos libertarmos do passado. Caia pra dentro de você: se permita sentir, se dê a chance de aprender a lidar com você mesmo.

O período que a gente menos entende é aquele que a vida mais ensina. Tenha fé, antes de ficar fácil, tudo é difícil.

Às vezes, a escuridão vem pra fazer a gente abrir os olhos e perceber onde está a luz. O seu passado pode até estar cheio de marcas, mas o seu futuro está intacto e de braços abertos te esperando, se jogue. Abrace você mesmo e seja o seu próprio milagre.

Bom dia!

77
OFEREÇA O SEU MELHOR AO MUNDO

"Quem fala dos outros pra você fala de você para os outros. Quando tem festa em casa de cobra, veneno é suco!"[1]

Se tem uma coisa que aprendi nessa vida foi a ficar bem distante de pessoas que falam mal daqueles com quem convivem, porque palavras mal usadas podem ser como navalhas que, no sentido errado, machucam e podem causar um estrago enorme.

Afaste-se, preserve-se e não permita nunca que o achismo alheio faça você duvidar de si mesmo e do seu valor.

Lembre-se de que você mora dentro de si e que a sua energia é sagrada, então escolha bem quem pode lhe ajudar. Continue em frente e fuja de quem fala mal dos outros pelas costas.

Ofereça o seu melhor ao mundo. Não custa nada adoçar a vida, ser gentil e sair falando bem dos outros por aí.

Pense nisso: quando você deixa o mel escorrer, além de melhorar o mundo à sua volta, ainda fica um gostinho doce na sua boca.

Bom dia!

78

SE OUÇA E RECEBA SUAS RESPOSTAS

"Uma semente cresce sem som, mas uma árvore cai com um barulho enorme. A destruição tem ruído, mas a criação é silenciosa. Este é o poder do silêncio: cresce silenciosamente."[1]

Não diga a ninguém o que você vai fazer, surpreenda-os. E, depois de fazer isso, em silêncio, dê seu próximo passo. Não adianta nada ficar gritando para fora quando o principal e mais importante diálogo que devemos ter é com quem mora aqui dentro.

A voz da nossa alma é como o vento – não sabemos de onde vem, mas em silêncio podemos escutá-la.

Silêncio é patuá de gente grande. É um amigo leal que se cala quando você precisa se escutar. Quando o silêncio prevalece, a gente amadurece. Fale com você mesmo. Se ouça e receba suas respostas.

Bom dia!

79

ACREDITE EM VOCÊ

Para o sapo, o padrão de beleza é a sapa. Seja você mesmo, não se preocupe tanto com o que os outros pensam a seu respeito.[1]

Nós não viemos ao mundo pra satisfazer o que o outro pensa. Estamos aqui para ser o melhor que podemos ser. E podemos ser ainda mais quando acreditamos na riqueza do que está dentro de nós.

Sempre vai ter alguém duvidando de você, sempre! O importante é que essa pessoa não seja você mesmo.

Coloque a mão no seu tesouro e se use a seu favor, se aproveite de você. Acredite em você.

Bom dia!

80

SE MOVA

Mudanças são demonstradas com atitudes, falar até papagaio fala.

Uma gota de movimento vale mais do que um tanque de teoria. Cada pequena realização vale muito mais que todos aqueles grandes sonhos que a gente apenas planeja. Se mova.

Para mudar de vida, você não precisa ficar rico ou ser perfeito, e, sim, se mover. Nosso objetivo pode estar lá na frente, mas nossa caminhada começa aqui!

Coloque boa vontade na sua boa intenção e aconteça, transforme-se. Cada boa ação que você pratica é uma luz que cria em torno de seus próprios passos. Se mova com fé e o poder estará nas suas mãos.

Bom dia!

81

BOTE FÉ

"Uma coisa é certa: ficar sentado se sentindo infeliz não vai mudar nada."[1]

Nós temos duas opções: continuar sentindo dor parado onde a gente está ou fazer um movimento e compreender que a dor nos leva a desabrochar.

Nunca vamos descobrir novos horizontes se não estivermos dispostos a sacrificar o que a gente é para descobrir tudo que a gente ainda pode ser. A maior descoberta de todos os tempos é que uma pessoa pode mudar simplesmente mudando de atitude.[2] "Não espere o futuro mudar tua vida, porque o futuro é a consequência do presente."[3] Como diria minha amiga Neyzona, o ano só é novo para você se trouxer novidades para ele.[4] Bote fé.

Bom dia!

82

TORCER PELO OUTRO NÃO TIRA SUA OPORTUNIDADE

Acender a lâmpada para outra pessoa ilumina também o seu próprio caminho. Existem momentos na vida de tanta escuridão que apenas uma faísca toma forma de sol, iluminando toda a passagem.

Quando a gente divide com o outro o que brilha em nós, o brilho se multiplica e tudo em volta fica melhor.

Torcer pelo outro não tira sua oportunidade. Ser gentil com o outro não machuca sua língua. Lembre-se de que quem acende a luz é o primeiro a se beneficiar da claridade e de que nós somos como a lenha: quando colocamos o nosso melhor na fogueira da vida, a gente ilumina tudo ao redor.

Que sejamos a melhor coisa da vida
de quem cruzar nosso caminho e que,
por onde a gente passar, nossa energia
coloque tudo para brilhar.

Bom dia!

SEJAMOS O PRÓPRIO BEM QUE QUEREMOS RECEBER

"Se minha vida inteira for apenas uma pequena faísca de luz, ficarei feliz; a mim bastará saber que não contribuí para o aumento da escuridão no mundo."[1]

Todos temos luz e trevas dentro de nós; inclusive, se não fôssemos escuridão, não enxergaríamos a nossa luz. Mas o que nos define é o lado a partir do qual escolhemos agir. E a gente sabe que uma pequena faísca de luz que a gente oferece pode se transformar e retornar como uma imensa chama do bem. Então, sejamos o próprio bem que queremos receber.

Você é absolutamente incrível e nenhuma fase ruim vai tirar a luz que você tem. Quando enxergar uma onda de brilho vindo na sua direção, misture-se com a luz. E, no dia que o sol não aparecer, permita

que o Divino que habita dentro de você
use o seu sorriso como farol pra fazer tudo
se acender.

Bote fé, toda a luz da vida tá dentro você.

Bom dia!

FIQUE SEMPRE MAIS PERTO DE VOCÊ MESMO

Como já bem disse Ana Maria Braga, a caixa da pizza é quadrada, a pizza é redonda e as fatias são triangulares. Se você pensar bem, nada nessa vida faz muito sentido; então, deixe fluir.[1]

O próximo capítulo da sua história só vai começar a ser escrito quando você realmente deixar ir o que já passou. A gente perde muito tempo procurando explicação para o que passou, porém ficar pensando no passado não vai mudar nada, porque as coisas são como elas são e a gente sofre justamente porque fica parado nessa ideia, imaginando o que elas poderiam ter sido.

Solte a corda um pouquinho – para a nossa árvore crescer, precisamos deixar a semente morrer. Deixar a água correr, pois rio que não flui transborda. Deixe o rio

desaguar, seguir o curso natural da
vida, sem peso, sem culpa, sem medo,
sem molde.

Enquanto estiver apegado ao passado,
a magia da vida nunca vai se revelar pra
você. Porque toda partícula de vida que
existe no universo está aqui, no agora,
e, se o corpo está aqui e o pensamento
está lá, na verdade, a gente não está em
nenhum lugar. Ajude o seu fluxo, fique
sempre mais perto de você mesmo.
Encontre dentro aquilo de que precisa: é
aqui no presente, junto da gente, que a
nossa melhor energia deve circular.

Bom dia!

85

O IMPORTANTE É O QUE VOCÊ ACHA DE SI

Pra gente vazia, falar da vida dos outros é um prato cheio.

"A boca que traz uma fofoca é a mesma que leva um comentário."[1]

O fofoqueiro o critica porque é invejoso e sabe que não consegue fazer igual a você, mas o que ele pensa de você é problema dele, e o que ele fala de você não diminui seu valor.

O importante é o que você acha de si, e, se você sabe quem você é, até quem tenta atrapalhar o ajuda.

Deixe quem quiser falar e mantenha sua elegância. Não tem coisa mais chique do que cuidar da própria vida.

Bom dia!

86
NUNCA NEGOCIE SUA PAZ DE ESPÍRITO COM NINGUÉM

Pega essa visão. Se você precisa se transformar em outra pessoa para que alguém goste de você, não é de você que essa pessoa gosta, e sim da fantasia que você veste pra agradá-la.

E, mesmo a sociedade tentando nos convencer do contrário, não podemos jamais esquecer que somos almas sensíveis, capazes de elevar e de atrair boas vibrações. Então, nos cerquemos também de pessoas que elevam a vibração e que permitem que a gente seja a gente mesmo. Se não for assim, se afaste – mas nunca negocie sua paz de espírito com ninguém.

Por mais que a gente queira ser bom, a gente não está aqui para agradar a todos, até mesmo porque quem faz média com todo mundo não é inteiro com ninguém, nem consigo mesmo. Estamos aqui para escrever com nosso próprio punho e com o corpo inteiro a nossa história de vida.

Assim, pare de tentar agradar a todo mundo e tome posse do grande poder de ser você mesmo, ocupe o seu espaço e preste atenção no seu caminho, porque é somente no seu chão e na sua terra que suas raízes vão se desenvolver. Se ligue, se dê atenção, todo dia se conecte com você.

Bom dia!

REALIZE TUDO DE BOM QUE VOCÊ DESEJA

"A esperança é uma droga alucinógena."[1]

É uma chama por dentro que acende tudo. Segundo um texto judaico, se carregarmos nossa própria lanterna, não precisaremos ter medo do escuro.

Abençoe, se mova e realize tudo de bom que você deseja. E seja paciente, pois, como também bem escreveu Tertuliano, a esperança é a paciência com a lâmpada acesa.[2] Muita luz.

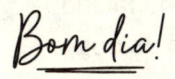

Bom dia!

88

NOSSA MENTE É O NOSSO BEM MAIS PRECIOSO

Se ligue: ou a gente cuida da mente, ou a mente acaba com a gente.

É preciso conhecer o consciente para que o subconsciente não acabe com a gente. Só podemos mudar alguma coisa em nós mesmos, e temos tanto para melhorar que não faz sentido algum gastar nosso precioso tempo nos preocupando com os outros. Nossa mente é o nosso bem mais precioso, treine sua mente para ver o lado positivo das situações, positividade é fonte de prosperidade, e eu não estou falando apenas de dinheiro, não, e sim da nossa felicidade, porque ela depende totalmente da qualidade dos nossos pensamentos.

A vida só vai mudar quando, em vez de abrir a boca para reclamar, a gente abrir a mente para mudar. Não deixe suas dores guiarem sua vida – se você tem habilidade para vacilar, também tem para superar uma fase difícil. Pare de duvidar de você, rapaz! Se você não fosse capaz de lidar com problemas, não tinha chegado até aqui.

E, se não souber por onde começar, comece por dentro; não deixe mais o medo impedi-lo de avançar, siga em frente. Se não encarar, nunca vai curar. Pare de se abandonar no momento em que você mais precisa, antes de qualquer pessoa é com você mesmo que você tem que contar. Você fica aí cuidando de todo mundo, e de você, quem é que vai cuidar? Seja generoso consigo também.

Não perca tempo maldizendo ninguém, não, invista toda a sua energia para abençoar sua saúde mental, pois ninguém vai tratá-lo tão bem quanto você mesmo. É a nossa mente e somente ela quem nos acorrenta ou nos liberta.

Se dê atenção, pare pra pensar.

Bom dia!

89

LEVANTA E ANDA

Há um ditado africano que diz que "coco só é duro para quem não tem fome", isto é, "aquele que quer a fruta deve subir na árvore".[1]

Nós nunca saberemos o que poderia ser daquilo que não foi. Cansou, descansa. Caiu, levanta. Sete vezes no chão, oito vezes de pé.

Você é o único representante do seu sonho na face da Terra, e o seu sonho está vindo na sua direção, só está faltando você andar na direção do seu sonho também.

Se mova, irmão! "Levanta e anda!"[2]

Bom dia!

90

PEGA ESSA VISÃO

Pega essa visão!

O primeiro passo não leva você para onde quer ir, mas o tira de onde está. Não deixe sua comida esfriar enquanto você assiste ao prato de outra pessoa. Todo hoje é uma oportunidade para ser melhor que ontem. Pare de ter medo do que pode dar errado e comece a se empolgar com o que pode dar certo. Vinte páginas por dia, trinta livros por ano, dez reais por dia, 3.650 reais por ano, um quilômetro por dia, 365 quilômetros por ano.

Se você não for atrás do que quer, nunca terá.

Se você não der um passo à frente, nunca sairá do lugar. Se mova. A hora é agora.

Bom dia!

91

APONTAR OS ERROS DOS OUTROS É FÁCIL

Me deixe dizer uma coisa pra você:
MOSTRE SUA LUZ.

Se você acha que o mundo está cheio de maldade, mostre sua bondade.
Se você acha que as pessoas estão agindo de forma errada, aja de forma correta.
Se você acha que as pessoas não sabem de nada, mostre tudo que sabe. Se você acha que as pessoas são orgulhosas, seja humilde.

Apontar os erros do outro é fácil. Difícil é tomar uma atitude positiva e transformar isso em uma ação correta. Se você está achando tudo ruim? Seja melhor. Corrija suas falhas, mude sua maneira de enxergar a realidade.

Quando a gente começa a encarar a realidade e mudar a nós mesmos, aí, sim, o mundo se transforma em um lugar excelente.

Pega essa visão: só pode criticar quem está disposto a ajudar.

Bom dia!

92

PARE DE PERDER TEMPO TENTANDO AGRADAR A TODO MUNDO

Diz o ditado popular: "Todo mundo vê as pingas que eu tomo, mas ninguém vê os tombos que eu levo".

Se ligue, pare de perder tempo tentando agradar a todo mundo; em vez disso, dê mais atenção a si mesmo. A prioridade da sua vida deve ser cuidar de você e realizar os seus sonhos.

Saber quem você é, é muito mais importante do que saber o que os outros pensam de você, porque aquilo que os outros pensam é problema deles.

O importante é você estar conectado com você mesmo porque, quando a gente sabe quem a gente é, o achismo dos outros perde a voz, e a única voz

que você não pode deixar de ouvir
é a sua própria.

Pega essa visão: se dê mais atenção.

Bom dia!

93

TUDO QUE VOCÊ OFERECE RETORNA PARA VOCÊ

"Se você amarrar dois pássaros, eles terão quatro asas, mas nunca mais conseguirão voar."[1]

A pior maneira de manter um relacionamento é privando o outro de sua liberdade, porque mais fundamental que o amor é a liberdade. A liberdade é o alimento do amor. E "amar é ter um pássaro pousado no dedo. Quem tem um pássaro pousado no dedo sabe que, a qualquer momento, ele pode voar".[2]

E não adianta nada tentar prender outra pessoa achando que vai encontrar a felicidade nela, porque, se você não consegue encontrar a felicidade em si mesmo, não vai conseguir encontrar em lugar nenhum. Tudo que você oferece retorna para você, então oferte ao outro

a confiança que você quer receber.
Só é livre quem tem capacidade de
deixar livre o outro também. Se ligue,
laço quando aperta vira nó.

Se você está procurando alguém para
mudar a sua vida, se olhe no espelho.

Bom dia!

A GENTE PRECISA APRENDER A ENCERRAR CICLOS

Aceite o que é, ignore o que era e acredite no que será.

Isso porque para vivermos novas histórias precisamos nos permitir escrever novas páginas. Liberte-se do passado que não saiu como você planejou e atravesse a sua ponte, avance para uma nova fase.

O ciclo que a gente não fecha nos fecha pra vida; então, a gente precisa aprender a encerrar ciclos e se afastar de pessoas e lugares que já se afastaram de nós. Precisamos deixar a vida fluir, parar de querer ser rocha e aceitar ser rio, porque nada é permanente e a pessoa que nós somos agora não determina a pessoa que ainda poderemos ser.

Então, caminhe para a frente e vá até onde seu braço alcança, e, quando chegar lá, estique o braço de novo e continue.

Se nada mudar, você mudou, e isso muda tudo.

Bom dia!

95
CONTINUE BUSCANDO SEMPRE A MELHOR PARTE DE VOCÊ

"Cobiçar a felicidade dos outros é como saborear uma torta de chocolate pelo vidro da confeitaria."[1]

Quem deseja o que não lhe pertence ainda não entendeu que cada um tem o que merece. Essa pessoa não seria feliz nem se ela conseguisse tudo que cobiça dos outros, porque o lugar do outro é um lugar inabitável por nós. Caia para dentro de você e procure aí dentro o que cobiça nos outros. Quem perde tempo invejando não realiza os próprios sonhos; não corra esse risco, não. Faça questão de andar de mãos dadas com você mesmo, de caminhar todos os dias em sua própria direção. Continue buscando sempre a melhor parte de você.

Bom dia!

96

DÊ ATENÇÃO AO QUE VOCÊ TEM A SE DIZER

"O silêncio é um amigo que nunca trai."[1] Silêncio é patuá de gente grande. Como dizia minha avó Lili, tem horas que a melhor resposta é aquela que não se dá. A gente fala tão alto que esquece de se ouvir. E é em silêncio, quando nos calamos, que nossas mais difíceis perguntas são respondidas. O silêncio é a chave que abre mil portas.

Se ouça, dê atenção ao que você tem a se dizer.

Fofoqueiros são como fogo em madeira molhada: eles podem até escurecê-la, mas não podem queimá-la.

Tem gente falando de você? Deixa falar. Tudo o que os outros falam de você é achismo e quem fala dos outros não percebe que está mostrando muito mais de si do que do outro. E, se ele tem tempo pra cuidar da sua vida, com certeza é a vida dele que está precisando de cuidados.

Deixa falar e se concentre em descobrir mais sobre si mesmo. Quando a gente sabe quem a gente é, o julgamento alheio não é nada. Acredite em você. Acreditar em nós mesmos é a única maneira que a gente tem para existir e chegar aos nossos sonhos.

Muitas vezes, a gente não dá atenção à nossa própria opinião, por que então ficar gastando energia com opinião de gente que não conhece nem a si mesmo?

Veneno só mata se você engolir. Deixe a boca que fala engolir a maldade que produz e siga seu caminho de mãos dadas com você.

Bom dia!

97
SE PERMITA RENASCER

Segundo um provérbio chinês,
"Sem a oposição do vento, a pipa não consegue subir".

Eu sei que em alguns momentos a vida é difícil. Tão difícil que a nossa única alternativa é reconhecer nossa fraqueza e lutar como a gente puder. Mas é preciso ter consciência de que hoje você pode até não estar bem, mas hoje não é para sempre, e amanhã certamente estará melhor.

Fique firme: todo guerreiro tem cicatriz, não existe pessoa forte com um passado fácil.

Às vezes, você nem imagina, mas essa dor que está sentindo é a casca da sua semente se partindo para encaixar na terra fofa, germinar e estender suas raízes. Um dia você vai morrer, mas em todos os

outros estará vivo. Então, sinta sua dor,
mas se permita também renascer
e desabrochar em flor.

Bom dia!

PARE DE DAR PODER DEMAIS A ALGUMAS PESSOAS

Se ligue. "Você nunca chegará ao seu destino se parar para atirar pedras em cada cachorro que late."[1]

Pare de dar poder demais a algumas pessoas.

Tem gente que nunca está satisfeita, então tanto faz se você trabalha muito ou estuda pouco, você sempre será criticado, não alimente isso. Se seu objeto está na sua frente, por que você está olhando para os lados?

Valorize cada segundo da sua caminhada, porque tempo é vida e, quando fica tarde, não adianta nada a gente chegar cedo.

Se concentre na sua vida: agradeça pelo que você já tem e continue buscando o que quer conquistar.

Foque nos seus objetivos, esqueça os outros e deixe o cachorro latir.

Bom dia!

DÊ AS MÃOS PRA VOCÊ MESMO

"Nós não somos o que gostaríamos de ser. Nós não somos o que ainda somos. Mas, graças a Deus, não somos mais quem nós éramos."[1]

Um dia todos vamos morrer, mas em todos os outros dias não! Nós estamos vivos, e cada segundo é sempre uma oportunidade de renascer e seguir na direção de tudo que a gente ainda pode ser.

O nosso verdadeiro e mais importante trabalho nessa caminhada é cuidar da gente mesmo, e é muito trabalho porque nós somos o infinito. Use seu precioso tempo para caminhar em direção a você mesmo todos os dias.

Assim que a gente começa a caminhar, o caminho começa a aparecer.

Dê as mãos pra você mesmo e se abra para receber. Acredite: de hoje em diante, você vai se transformar em tudo aquilo que sempre quis ser.

Bom dia!

100

TUDO PODE SER DITO COM UMA COLHER DE MEL NA BOCA

Tem um ditado africano que aprendi com o professor Sidnei que é: "Tudo pode ser dito com uma colher de mel na boca".[1]

A gente não fica com dor de barriga por evitar falar palavras cruéis para outra pessoa.

Engolir palavras ruins quando elas só farão mal ao outro nunca vai nos fazer mal.

A gente recebe o que a gente dá. Mantenha suas palavras doces; até os melhores de nós às vezes precisam engolir as próprias palavras.

No meio de um momento tão cruel, que sejamos nós um pote de mel.

Bom dia!

101

REAJA, VIU!

Tem uma passagem da Bíblia que conta que, numa noite, Pedro não pescou nada, mas no dia seguinte ele fez a maior pescaria da sua vida.

Quer um conselho? Reaja, viu! Não tem ninguém vindo te salvar, então se levante e se salve. Aprenda com a queda, toda queda é um professor, e a maior experiência das nossas vidas pode acontecer exatamente depois da nossa maior frustração. Então, use sua força, se reerga e se movimente.

Quando a gente age, o universo inteiro reage junto com a gente. Não brigue com sua vida, não, pelo contrário, dê as mãos a ela e vá em busca de você.

Como sabiamente disse Steve Jobs, "Cada sonho que você deixa para trás

é um pedaço do seu futuro que
deixa de existir".[1]

A vida não está aqui atrás nos ombros da gente, não, ela está na frente, bem diante da gente. Não desista de você, não, reaja e siga em frente! Sempre!

Bom dia!

NOTAS DE FIM

3. A FELICIDADE COMEÇA EM VOCÊ

1 Atribuído ao iogue, guru e professor indiano Paramahansa Yogananda. Autor do best-seller mundial *Autobiografia de um iogue*.

2 Frase do líder espiritual hindu e professor Swami Chinmayananda.

4. USE SUA LUZ

1 Frase atribuída a José Hermógenes de Andrade Filho, mais conhecido como professor Hermógenes. Ele foi um militar, escritor, professor brasileiro e divulgador do hatha ioga.

6. ABRACE QUEM TE MARCA SEM TE FERIR

1 Frase atribuída ao poeta e teólogo sufi persa do século XIII Maulana Jalaladim Maomé, também conhecido como Rumi.

9. PISE FIRME NO SEU CAMINHO
1 Frase atribuída a Rumi.

10. SEJA CARINHOSO COM VOCÊ MESMO
1 Frase do escritor e palestrante João Melo (@ojoaovitormelo).

12. APONTE SUA MIRA PRA VOCÊ MESMO
1 Tradução livre do verso "Make way for the positive day", extraído da canção "Positive vibration". Interpretada por Bob Marley & The Wailers. Produzida por Bob Marley & The Wailers/The Wailers. Fonte: Tuff Gong.

14. SEJA O PRESENTE
1 Máxima do psicólogo Bruno Beraldo de Castro (@psicologobrunoberaldo).

2 Sadhguru é um yogi, místico e escritor indiano.

3 Maria Stella de Azevedo Santos, Mãe Stella de Oxóssi, Odê Caiodê foi a quinta Ialorixá do Ilê Axé Opô Afonjá em Salvador.

15. VÁ CUIDAR DE VOCÊ
1 Frase da escritora Ìyálorisa Omilade (@yemojazz).

16. SEU FOCO DEVE SER SEMPRE VOCÊ
1 Mario Sergio Cortella. Gente grande sabe que é pequena. Canal do Portella. YouTube, 56 s. (Palestra no Mynt: O que é humildade?)

17. BOTE FÉ NA SUA CAMINHADA

1 Frase atribuída à escritora e tradutora brasileira Lya Luft.

2 Passagem atribuída a Rumi.

3 Trecho extraído da canção "A luz de Tieta". Interpretada por Banda Didá, Caetano Veloso e Gal Costa. Escrita por Caetano Veloso. Fonte: Uns Produções.

22. SEJA SUA MELHOR COMPANHIA

1 Frase do psicólogo, escritor e palestrante Joacil Luis (@joacilluis).

23. CUIDE DA SUA ENERGIA

1 Frase do psicanalista e escritor Lucas Lujan (@lucaslujan).

24. ABRA O OLHO PRA DENTRO

1 Frase do doutor em Ciências Sociais e escritor Rodney William (@rodneywilliam_).

25. ACREDITE NO SEU AXÉ

1 Buda, que em hindu quer dizer "Iluminado", foi o nome dado a Siddhartha Gautama, líder religioso que viveu na Índia, cuja bondade e sabedoria lhe valeram esse título.

27. ALIMENTE AS RAÍZES DO SEU SONHO

1 Frase de Sadhguru.

2 Adaptado de Paramahansa Yogananda.

29. A GENTE NÃO ESTÁ AQUI PRA AGRADAR NINGUÉM

1 Extraído de Jin Shin Jyutsu, Arte da Cura.

35. TOME POSSE DA SUA LUZ

1 Frase atribuída ao treinador de alta performance e empresário Joel Jota (@joeljota).

2 Frase de Swami Vivekananda, o principal discípulo do místico do século XIX Sri Ramakrishna Paramahamsa e fundador da Ordem Ramakrishna.

3 Máxima do psiquiatra e psicoterapeuta suíço, fundador da psicologia analítica, Carl Gustav Jung.

4 Passagem atribuída a Sadhguru.

38. PRESTE ATENÇÃO NA SUA CAMINHADA

1 Frase atribuída à escritora Isabela Ribeiro (@hobbynoturno).

2 Eduardo Marinho é um artista plástico, escritor, ativista social e filósofo brasileiro.

3 Passagem atribuída a Rumi.

42. SUA ENERGIA É SAGRADA

1 Frase atribuída a Rabindranath Tagore, um polímata bengali que, como poeta, romancista, músico e dramaturgo, reformulou a literatura e a música bengali no final do século 19 e início do século 20.

44. NÃO NORMALIZE O QUE NÃO É BOM

1 Passagem de Victor Hugo, romancista, poeta, dramaturgo, ensaísta, artista e estadista francês. Autor do clássico mundial *Os miseráveis*.

48. NÃO TENTE FUGIR DE VOCÊ MESMO

1 Texto inspirado no cardeal português Manuel José Macário do Nascimento Clemente.

50. A ESSÊNCIA DA VIDA É SER

1 Frase atribuída ao artista visual João Paulo de Carvalho.

51. NÃO TENTE SER COMO OUTRA PESSOA

1 Citação atribuída a Alexandre Magno Abrão, mais conhecido pelo seu nome artístico Chorão. Ele foi um cantor, compositor e skatista, ganhando grande projeção à frente da banda Charlie Brown Jr.

52. CUIDE DO SEU CAMINHO

1 Frase adaptada do artista plástico Wesley D'Amico.

53. CONTINUE A SUA CAMINHADA

1 Frase do ator, escritor, cineasta, apresentador e teólogo Agles Steib.

56. A GENTE PRECISA FAZER O QUE PRECISA SER FEITO

1 Frase do autor Guilherme Theos.

57. PROTEJA SEU ESPAÇO E SUA ENERGIA
1 Frase da Mãe Stella de Oxóssi.

58. CONTINUE CUIDANDO DA SUA VIDA
1 Dizer aprendido com a comunicadora Rita Batista, autora do livro *A vida é um presente*.

59. PODEMOS CRESCER COM TOQUES SUAVES NA ALMA
1 Frase atribuída a Rumi.

60. NÃO ACREDITE EM TUDO QUE VOCÊ VÊ
1 Frase atribuída à escritora Cecilia Sfalsin (@cecilia sfalsin).

2 Trecho inspirado na escritora Bárbara Flores.

64. NINGUÉM É MELHOR QUE NINGUÉM
1 Máxima atribuída ao escritor Josemar Bosi.

2 Rubem Azevedo Alves foi um psicanalista, educador, teólogo, escritor e pastor presbiteriano brasileiro.

66. DEIXE O RESSENTIMENTO PARA TRÁS
1 Inspirado em Augusto Cury, psiquiatra, professor e escritor brasileiro.

67. NÃO PERMITA QUE O BARULHO DE NINGUÉM TIRE VOCÊ DO SEU CENTRO
1 Máxima atribuída ao escritor norte-americano Mark Twain.

72. VOCÊ NÃO É O ERRO QUE VOCÊ COMETEU

1 Referência à canção "Tente outra vez". Interpretada por Raul Seixas. Escrita por Marcelo Motta, Paulo Coelho e Raul Seixas. Produzida por Mazola. Fonte: Universal Music Ltda.

74. O QUE FAZ DAR CERTO É NÃO PARAR DE TENTAR

1 Nadia Comăneci é uma ex-ginasta romena, que disputou a modalidade artística e é ainda hoje tida como um ídolo mundial esportivo.

77. OFEREÇA O SEU MELHOR AO MUNDO

1 Frase atribuída ao escritor Jeremias Edson Cardoso.

78. SE OUÇA E RECEBA SUAS RESPOSTAS

1 Máxima proferida por Confúcio (552 a.C.-489 a.C.), um pensador e filósofo chinês do Período das Primaveras e Outonos. Sua filosofia sublinhava uma moralidade pessoal e governamental, os procedimentos corretos nas relações sociais, a justiça e a sinceridade.

79. ACREDITE EM VOCÊ

1 Inspirado no escritor, mensageiro e palestrante Carlos Torres.

81. BOTE FÉ

1 Frase extraída do livro *O menino do pijama listrado*, de John Boyne.

2 Máxima atribuída a Oprah Winfrey, apresentadora, jornalista, empresária e escritora norte-americana, considerada uma das mulheres mais poderosas dos Estados Unidos.

3 Referência à música "A vida é desafio". Interpretada por Afro-X e Racionais MC's. Escrita por Mano Brown. Fonte: Boogie Naipe.

4 Loo Nascimento (@neyzona) é uma empresária e influenciadora brasileira.

83. SEJAMOS O PRÓPRIO BEM QUE QUEREMOS RECEBER

1 Máxima da jornalista e criadora de conteúdo Abigail Aquino (@misofonica.sincera).

84. FIQUE SEMPRE MAIS PERTO DE VOCÊ MESMO

1 Ana Maria Braga Maffeis é uma apresentadora de televisão, chef de cozinha e jornalista brasileira.

85. O IMPORTANTE É O QUE VOCÊ ACHA DE SI

1 Frase do cantor Raphael Coutinho.

87. REALIZE TUDO DE BOM QUE VOCÊ DESEJA

1 Frase de Rubem Alves.

2 Tertuliano foi um prolífico autor das primeiras fases do cristianismo, o primeiro a produzir obra literária em latim.

89. LEVANTA E ANDA

1 Frase atribuída a Thomas Fuller, também conhecido como "Negro Tom" e "Virginia Calculator", um escravizado africano nos EUA conhecido por suas habilidades matemáticas.

2 Referência à canção "Levanta e anda". Interpretada por Emicida e Rael. Escrita por Beatnick, Emicida, K-Salaam e Rael. Fonte: Laboratório Fantasma.

93. TUDO QUE VOCÊ OFERECE RETORNA PARA VOCÊ

1 Frase atribuída a Rumi.

2 Frase atribuída a Rubem Alves.

95. CONTINUE BUSCANDO SEMPRE A MELHOR PARTE DE VOCÊ

1 Frase do músico Samuel Lopes (@samuellopessp).

96. DÊ ATENÇÃO AO QUE VOCÊ TEM A SE DIZER

1 Frase de Confúcio.

98. PARE DE DAR PODER DEMAIS A ALGUMAS PESSOAS

1 Frase atribuída a Winston Churchill, militar, estadista e escritor britânico que serviu como primeiro-ministro do Reino Unido de 1940 a 1945, durante a Segunda Guerra Mundial, e novamente de 1951 a 1955.

99. DÊ AS MÃOS PRA VOCÊ MESMO

1 Máxima atribuída a Martin Luther King Jr., pastor batista e ativista político estadunidense que se tornou uma das figuras mais proeminentes no movimento dos direitos civis nos Estados Unidos.

100. TUDO PODE SER DITO COM UMA COLHER DE MEL NA BOCA

1 Sidnei Barreto Nogueira é babaloriṣa, doutor em Semiótica pela USP e autor do livro *Intolerância religiosa*.

101. REAJA, VIU!

1 Steve Jobs foi um inventor, empresário e magnata americano no setor da informática. Notabilizou-se como cofundador, presidente e diretor executivo da Apple Inc. e por revolucionar seis indústrias.

**Acreditamos
nos livros**

Este livro foi composto em Calibri e impresso
pela Gráfica Santa Marta para a Editora
Planeta do Brasil em junho de 2024.